Ursula Sigg-Suter, Esther Straub, Angela Wäffler-Boveland

«... und ihr werdet mir Söhne und Töchter sein»

Die neue Zürcher Bibel feministisch gelesen

T0145722

T V Z

Theologischer Verlag Zürich

Die Deutsche Bibliothek – Bibliographische Einheitsaufnahme

Die Deutsche Bibliothek verzeichnet diese Publikation in der Deutschen Nationalbibliographie; detaillierte bibliographische Daten sind im Internet über http://dnb.ddb.de abrufbar

Umschlaggestaltung
Simone Ackermann, Zeljko Gataric, Zürich

Druck
ROSCH-BUCH GmbH, Scheßlitz

ISBN 978-3-290-17399-9

© 2007 Theologischer Verlag Zürich
2. Auflage 2007
www.tvz-verlag.ch

«... und ihr werdet mir Söhne und Töchter sein»

T V Z

Vorwort

Als wir 1998 unsere Arbeit als Lesegruppe «zur Vermeidung übersetzungsbedingter Diskriminierungen in der neuen Zürcher Bibelübersetzung» aufnahmen, konnte keine von uns ahnen, auf welches Abenteuer wir uns dabei einliessen. Das vorliegende Buch will die Leserinnen und Leser an diesem Prozess teilhaben lassen, in die Diskussionen hineinnehmen und zum aktiven, eigenständigen Weiterdenken anregen.

Der Grundsatz der Texttreue, der die Neuübersetzung der Zürcher Bibel leitete, stand auch bei unserer Arbeit im Mittelpunkt, dass nämlich «auf der einen Seite eine möglichst grosse Genauigkeit der Wiedergabe angestrebt wird, auf der anderen Seite aber auch verschiedene Verständnismöglichkeiten offen gehalten werden sollen, wo die Texte in ihrem Sinn nicht eindeutig sind» (Auszug aus dem kirchenrätlichen Bericht vom 1. Oktober 1997, S. 5f). In vielen Debatten und Diskussionen wurde uns immer wieder neu bewusst, wie unterschiedlich die Assoziationen sind, mit denen wir Wörter und Sätze verbinden, und wie schwierig es deshalb ist, einen Konsens darüber zu finden, was textgetreu sei. Unser Beitrag sollte vor allem darin bestehen, die Neuübersetzung des biblischen Textes für feministische Lesarten zu öffnen.

Leider fanden nur wenige unserer Vorschläge Eingang in die neue Zürcher Bibelübersetzung (NZB). Die Idee entstand, unsere feministischen Lesungen zu veröffentlichen und so die Ergebnisse jahrelanger Arbeit interessierten Leserinnen und Lesern zugänglich zu machen. Wir rechnen nicht damit, Seite für Seite die Zustimmung der Leserinnen und Leser zu gewinnen. Wir verstehen unser Buch vielmehr als Anregung zur Diskussion und freuen uns, wenn unser Beitrag hilft, die feministischen Anliegen an eine Bibelübersetzung nachzuvollziehen, Transparenz in die Diskussionen um die NZB zu bringen und die Gespräche über die Bibel voranzutreiben.

Unser Dank gilt an erster Stelle Katharina Schmocker, die während der ersten drei Jahre am Projekt mitarbeitete und wichtige Impulse gegeben hat. Wir danken der Evangelisch-reformierten Kirchensynode und dem Kirchenrat des Kantons Zürich, die die Arbeit finanziell und ideell mitgetragen haben. Und wir freuen uns über jeden Vorschlag, der von der Übersetzungskommission des Neuen Testamentes übernommen worden ist. Ganz herzlich gedankt sei Marianne Stauffacher und Lisa Briner vom TVZ für ihre Unterstützung sowie der Emil-Brunner-Stiftung Zürich in Verbindung mit der Evangelisch-reformierten Landeskirche des Kantons Zürich für den grosszügigen Beitrag an die Druckkosten. Zuletzt bedanken wir uns bei unseren Ehemännern, die unsere Arbeit erdauert und unterstützt haben!

Ursula Sigg-Suter, Esther Straub, Angela Wäffler-Boveland

Inhalt

Einleitung

«… und ihr werdet mir Söhne und Töchter sein». Es ist Gott selbst, der die Menschen so anspricht. Als seine Söhne und als seine Töchter verdanken wir Gott unser Leben, so heisst es in der Bibel. Frauen sind mit ihrer eigenen Lebensperspektive genauso Ebenbild Gottes wie die Männer. Alle beide sind sie Gott wie «aus dem Gesicht geschnitten».

Wir haben das Buch mit einem Zitat aus dem Zweiten Brief an die Gemeinde in Korinth überschrieben (2Kor 6,18), das für uns in mehrfacher Hinsicht bedeutsam ist. Zum einen zeigt dieses Zitat, dass die Frauen in den christlichen Gemeinden und Hausgemeinschaften unbestritten präsent waren: Sie bekleideten öffentliche Ämter, trugen Verantwortung in der Gemeinde, erledigten wichtige Aufgaben im Gemeindealltag und im Gottesdienst – genauso wie die männlichen Gemeindeglieder auch. In den ersten christlichen Generationen spielte weniger das Geschlecht eine Rolle als vielmehr die Begabung für eine bestimmte Aufgabe.

Zum andern verweist das Zitat auf unsere Tätigkeit als feministische Lesegruppe. Denn 2Kor 6,18 bezieht sich auf die Schrift (2Sam 7,14: «Ich werde ihm Vater sein, und er wird mir Sohn sein»), erweitert aber die zitierte Stelle und nennt neben den Söhnen ausdrücklich die Töchter. Was Gott zu David gesprochen hat, soll für alle in der christlichen Gemeinde gelten, und zwar für Männer und für Frauen. Deshalb wird der alte Satz aus dem Zweiten Buch Samuel in den Plural gesetzt und kommen die Töchter neben die Söhne zu stehen. Wir meinen, dass auch in anderen Briefen und Büchern der Bibel, wo die Töchter nicht explizit genannt werden, diese nicht vergessen gingen. Deshalb machen wir an solchen Stellen die Töchter sichtbar. Die NZB ist hier unserem Vorschlag gefolgt (z. B. Röm 8,14): «… das sind Söhne und Töchter Gottes». 2Kor 6,18 wird zur Referenz für unser Tun: Überall, wo Frauen «mitgemeint» sind, sollen sie ausdrücklich genannt und auf diese Weise sichtbar gemacht werden.

DER AUFTRAG

Mit der Aufbruchstimmung der Disputation 84 erhielt in der Zürcher Landeskirche auch die feministische Bewegung neuen Auftrieb. Engagierte und kritische Kirchenfrauen an der Basis machten sich die Forschungsergebnisse feministischer Theologinnen mit brennendem Interesse zu eigen und integrierten sie in den Alltag ihrer Kirchgemeinden. So waren die Hoffnungen gross, als die Synode beschloss, der Zürcher Bibel von 1931 eine neue Übersetzung folgen zu lassen. Es wurde erwartet, dass auch befreiungstheologische und feministische Perspektiven in diese neue Zürcher Bibelübersetzung einfliessen würden.

1996 erschienen als Vorabdruck der neuen Übersetzung die Evangelien und Psalmen. Es gab viele positive Reaktionen; daneben machte sich aber bei vielen Frauen auch Enttäuschung breit, hatten doch feministische Anliegen kaum Eingang in die Neuübersetzung gefunden. Eine Diskussion der vorliegenden Übersetzungsergebnisse wurde in Aussicht gestellt, um «die eingehenden Reaktionen in die voraussichtlich zur Jahrtausendwende erscheinende Gesamtausgabe einfliessen zu lassen» (Tages-Anzeiger vom 26.10.1996).

Die Evangelisch-reformierte Kirchensynode des Kantons Zürich überwies daraufhin ein Postulat, das verlangte, das Geschlechterverhältnis in den Übersetzungskommissionen zu überdenken: «Der Kirchenrat wird eingeladen zu prüfen, wie die Mitarbeit von mindestens je einer Theologin in den Kommissionen des NT und des AT gewährleistet werden kann. Ebenso ist zu prüfen, wie den neuen wissenschaftlichen Erkenntnissen insbesondere der feministischen Theologie Rechnung zu tragen ist und wie schwerverständliche theologische Begriffe in Anmerkungen erklärt werden können.»[1] Ein weiteres Postulat forderte, die Kriterien des Übersetzungsauftrages den neueren Denk- und Wahrnehmungsprozessen anzupassen.[2]

Im Herbst 1997 stimmte die Kirchensynode folgenden Anträgen zu: «Analog zur Subkommission NT, in welcher zwei wissenschaftlich qualifizierte Frauen mitarbeiten, soll in die Subkommission AT mindestens eine wissenschaftlich qualifizierte Frau, insbesondere eine Theologin, *aufgenommen* werden.»[3] «Zur Vertiefung der Diskussion und zur zusätzlichen Absicherung gegenüber allfälligen übersetzungsbedingten Diskriminierungen (insbesondere von Frauen und Judentum) wird der Kirchenrat beauftragt, weitere Lesungen der Texte des AT und NT zu organisieren.»[4]

In der Folge gab der Kirchenrat der Arbeitsgruppe «Dekade Solidarität der Kirchen mit den Frauen» den Auftrag, eine dreiköpfige Frauenlesegruppe zu bilden, die das Bibelprojekt begleiten sollte.

---

[1] Postulat, am 18. März 1997 überwiesen.

[2] Postulat, am 24. Juni 1997 überwiesen.

[3] Protokoll der Versammlung vom 2. Dezember 1997 der Evangelisch-reformierten Kirchensynode des Kantons Zürich, S. 25.

[4] Bericht des Kirchenrates an die Kirchensynode vom 1. Oktober 1997, S. 2, veröffentlicht im Anhang zum Protokoll der Versammlung vom 25. November 1997 der Evangelisch-reformierten Kirchensynode des Kantons Zürich.

So wurden im Sommer 1998 Dr. Katharina Schmocker, Ursula Sigg-Suter und Angela Wäffler-Boveland als sogenannte «Frauenlesegruppe» vom Kirchenrat eingesetzt. 2001 ersetzte Dr. Esther Straub die ausscheidende Katharina Schmocker. Die Frauenlesegruppe hatte laut kirchenrätlichem Auftrag die Verhinderung allfälliger übersetzungsbedingter Diskriminierungen von Frauen zur Aufgabe, wobei die Entscheidungsbefugnis und die Verantwortung für die Übersetzungen bei den Kommissionen lagen.

ARBEITSWEISE

Die Übersetzungskommissionen AT und NT sollten gemäss kirchenrätlichem Auftrag der Lesegruppe bereits übersetzte Texte zur Verfügung stellen. Die Lesegruppe würde daraufhin den Kommissionen Kritikpunkte und Änderungsvorschläge unterbreiten. Aus verschiedenen Gründen ergab sich keine Zusammenarbeit mit der Übersetzungskommission AT, weshalb sich dieser Bericht nur mit Texten aus dem NT auseinandersetzt. Da sich unsere Arbeit aber in erster Linie am deutschen Sprachgebrauch orientiert, lassen sich viele Beobachtungen und Resultate auch auf die Texte des AT übertragen.

Grundlage unserer Arbeit war der neu übersetzte Bibeltext, den wir auf sprachliche Diskriminierungen prüften. Wo wir auf solche stiessen, suchten wir – auch anhand des griechischen Urtextes – nach geschlechtergerechten Alternativen. Die Tatsache, dass der deutsche Text den Ausgangspunkt unserer Arbeit bildete, hat Auswirkungen auf unsere Ergebnisse. Sie sind nicht zu vergleichen mit einer feministischen Bibelübersetzung, die wir mit vertretbarem Aufwand nicht leisten konnten. Der Auftrag, «allfällige übersetzungsbedingte Diskriminierungen»[5] von Frauen zu verhindern, hätte eigentlich eine direkte Teilnahme am Übersetzungsprozess vorausgesetzt. Denn bei der Lektüre des deutschen Textes treten nur negative Darstellungen von Frauen klar als Diskriminierungen hervor. Demgegenüber sind durch die Übersetzung verursachte Marginalisierungen von Frauen und von Weiblichkeit weniger einfach auszumachen, subtile Diskriminierungen werden schnell überlesen.[6]

Die Übersetzungskommissionen waren der Ansicht, eine feministische Übersetzung der Bibel sei mit dem Übersetzungsgrundsatz der Texttreue weitgehend unvereinbar. Wir sind überzeugt, den Grundsatz der Texttreue konsequent befolgt zu haben; die Differenzen liegen eher im unterschiedlichen Verständnis von dem, was textgetreu sei. Im Verlauf verschiedener

---

[5] S. o. Anm. 4.
[6] Vgl. dazu v. a. Kapitel 2: *Frauenwelten sichtbar machen.*

Diskussionen zwischen unserer Lesegruppe und der NT-Kommission, die sich mit konkreten Textbeispielen auseinandersetzten, kamen hie und da Annäherungen zustande. Dennoch haben unsere Vorschläge nur ganz vereinzelt in die NZB Eingang gefunden.

HINTERGRÜNDE

Die Bibel ist Wort Gottes, wie es von Menschen erfahren und niedergeschrieben worden ist. Ihre Texte wurden in einer bestimmten Zeit und für bestimmte Leserinnen und Leser verfasst. Gottes Wort verschafft sich in unserer Zeit Gehör, indem die biblischen Texte gelesen, verstanden, interpretiert und übersetzt werden. Zugleich ist dieses Wort immer mehr, als eine Epoche, als die Theologie, als einzelne Lesende einer Zeit entdecken können. Jede Zeit aber läuft Gefahr, ihre eigenen Entdeckungen und Erkenntnisse zu verabsolutieren. So galt Jahrhunderte lang der Konsens, die Bibel weise den Frauen eine den Männern untergeordnete, gesellschaftlich und kirchenpolitisch bedeutungslose Rolle zu.[7] Patriarchale Denkmuster wirken denn auch bis heute in der Übersetzungs- und Auslegungspraxis der Bibel nach. Ziel unserer Arbeit ist es, solche Denkmuster aufzuspüren und sie zu durchbrechen, um ignorierte, vergessene oder bisher unentdeckte Dimensionen der biblischen Texte freizulegen.

Die feministische Forschung der letzten Jahre hat gezeigt, dass die biblischen Zeugnisse trotz ihrer meist androzentrischen Sprache weit weniger patriarchal geprägt sind, als Tradition und Lesegewohnheiten es suggerieren. Zwar sind die Texte in einem patriarchalen Umfeld entstanden, doch idealisieren sie dieses in der Regel gerade nicht.[8] An vielen Stellen lässt sich beobachten, wie sie patriarchale Strukturen reflektieren und auch in Frage stellen. Prophetinnen wie Debora (Ri 4,4) oder Hulda (2Kön 22,14) verkünden Gottes Wort, von Mirjam (Ex 15,21) und Hanna (1Sam 2,1–10) sind uns Lieder überliefert. Die Evangelien erzählen, wie Jesus Frauen aufrichtet und befreit (Mk 5,25–34; Lk 13,10–17; Joh 8,1–11), nennen viele Jüngerinnen mit Namen (Lk 8,1–3) und berichten von den ersten Osterzeuginnen am Grab (Mk 16,1–8), und auch Paulus erwähnt mehrere Frauen, mit denen er zusammenarbeitet und die in der Gemeinde wichtige Funktionen innehaben (1Kor 1,11; Röm 16,1–16) – Signale einer kritischen Distanz zum Patriarchat. Über

---

[7] Zur Begründung dieses Verständnisses wurden insbesondere jüngere Texte des Neuen Testaments herangezogen wie z. B. die Timotheusbriefe.

[8] Keine Regel ohne Ausnahme, z. B. Tit 2,3–5.

die namentliche Nennung von Frauen hinaus wird an einzelnen Stellen der Bibel die Gleichstellung der Geschlechter theologisch reflektiert und tritt Gott mit weiblichen Zügen auf. So werden z. B. in Gen 1,27 Mann und Frau ebenbürtig nebeneinander gestellt und hält Paulus in Gal 3,28 fest, dass die Geschlechterdifferenz zwischen Männern und Frauen in Christus aufgehoben ist: «... da ist nicht Mann und Frau.» Nach Lukas erzählt Jesus ein Gleichnis, in dem die Freude einer Hausfrau mit Gottes Freude verglichen wird (Lk 15,8–10), und knüpft damit an den Propheten Jesaja an, der an etlichen Stellen Gottes weibliche Züge betont (Jes 42,14; 49,15; 66,13).

An solchen konkreten Beispielen wird deutlich, dass das Evangelium von Jesus Christus als kritische Botschaft das Patriarchat in Frage stellt und Frauen aus ihrer Unterdrückung befreit. Dieser Botschaft wissen wir uns verpflichtet, wenn wir auf «übersetzungsbedingte Diskriminierungen» aufmerksam machen und Gegenvorschläge bringen.

Das dem Begriff «diskriminieren» zugrunde liegende lateinische Wort *discriminare* heisst «trennen, absondern». Die «Diskriminierung» meint denn auch die Herabsetzung von Menschen und bestimmter Menschengruppen. Diskriminierung von Frauen geschieht dort, wo sie nicht dieselbe Würdigung erfahren wie Männer, wo Frauenwirklichkeit gering geachtet wird und wo sich eine Gesellschaft an Männerwelten orientiert.

Übersetzungsbedingt sind Diskriminierungen dann, wenn sie nicht dem biblischen Text selbst angelastet werden können. Unsere Arbeit nimmt Lesegewohnheiten und Übersetzungstraditionen kritisch unter die Lupe und prüft, ob sie patriarchal geprägt sind und den griechischen Text adäquat wiedergeben. Dabei beschränkt sich der feministische Blick nicht auf das, was unmittelbar nur die Frauen angeht, sondern weitet sich auch für Übersetzungsprobleme, die in weiterem Sinne mit patriarchalen Denkmustern zusammenhängen.[9] Es fiel uns nie leicht, Entscheidungen gegen fest verankerte Übersetzungstraditionen zu fällen, galt es doch, Gewohnheiten unseres Verstehens und Denkens zu verlassen und ungesichertes Neuland zu betreten. Schwierig abzuschätzen ist, wie sich neue Begriffe wie zum Beispiel «Zuwendung» für «Gnade»[10] bewähren werden und welche Folgen ihr konsequenter Gebrauch nach sich ziehen würde.[11]

---

[9] Vgl. z. B. Kap. 5: *Sprache der Gewalt eingrenzen*, oder Kap. 7: *Theologische Fachbegriffe.*

[10] Vgl. Abschnitt 7.1: *Gnade.*

[11] Z. B. müsste das Liedgut der Kirchen durch Hinweise ergänzt werden, damit die Bezüge zu den biblischen Texten erkennbar bleiben.

Wir sind uns bewusst, dass es keine wertfreie, objektive Übersetzung gibt, sondern jede Übersetzung die Textwirklichkeit in einer bestimmten Färbung erfasst. Jedes einzelne Wort der Ausgangssprache versammelt ein Feld von Bedeutungen und wird von assoziativen und kontextuellen Schwingungen begleitet. Selten gibt es in der Zielsprache ein eindeutiges Äquivalent; aus einem Spektrum von Möglichkeiten muss ein Begriff gewählt werden, der wiederum sein eigenes Bedeutungsfeld hat und bestimmte Assoziationen mit sich bringt. Welcher Begriff schliesslich ausgewählt wird, ist nicht zuletzt auch abhängig von der Erfahrungs- und Denkwelt der Übersetzenden – in unserem Fall also einer feministisch geprägten Welt.

ZUM GEBRAUCH

Einerseits ist das vorliegende Buch ein Rechenschaftsbericht über acht Jahre intensiver Arbeit. Andererseits soll dieses Buch eine Arbeitshilfe für alle sein, die die Zürcher Bibel feministisch lesen oder in der Gemeindepraxis verwenden. Die versammelten Beispiele wollen dazu ermutigen, Übersetzungstraditionen kritisch zu prüfen und einen beweglichen Umgang mit ihnen zu finden. Dabei verstehen wir unsere Vorschläge nicht als abgeschlossen, sondern als Raum öffnend für weitere Lösungen und wortschöpferische Ideen. Den Erkenntnissen und Überlegungen, die in diesem Buch zusammengetragen sind, werden Arbeiten von anderen Frauen und auch von Männern folgen, die weiterführen und die Diskussion in Gang halten.

Wir stellen uns vor, dass das Buch auf zweierlei Arten gelesen werden kann: Zum einen gibt es sicher viele Leserinnen und Leser, die es neugierig zur Hand nehmen und von vorn bis hinten studieren. Dabei werden sie auf Bekanntes, aber auch Überraschendes stossen und in einen regen Austausch mit dem Text der Bibel und seinen verschiedenen Übersetzungsmöglichkeiten geraten.

Zum andern freuen wir uns auch, wenn dieses Buch als Nachschlagewerk und Arbeitshilfe Verwendung findet, ob zur Vorbereitung von Gottesdiensten, Hauskreisen, Bildungsveranstaltungen oder für das persönliche Studium. Ein Bibelstellenregister erleichtert das Auffinden einzelner Textbeispiele. Das Stichwortregister nennt die Abschnitte, in denen die problematischen Begriffe und unsere Alternativvorschläge zu finden sind. So kann das Buch punktuell als Fundgrube und Steinbruch genutzt werden.

Beide Gebrauchsweisen laden dazu ein, feministische Lesarten selbst zu erproben und neue Dimensionen des biblischen Textes aufzuspüren.

Die in den Tabellen aufgeführten Übersetzungsbeispiele bieten keine vollständige Sammlung, sondern leiten dazu an, in jeweils analoger Weise den Übersetzungstext selbständig anzupassen. Die Tabellen sind wie folgt zu lesen:

Bibelstelle	Text der NZB (ohne Formatierungen)	Unser Alternativvorschlag

- *Kursiv* gesetzt sind diejenigen Textteile, die wir als problematisch erachten.
- **Fett** gesetzt sind unsere Lösungen.
- Unterschiede zwischen den beiden Textvarianten, die nicht im jeweiligen Abschnitt, sondern an anderer Stelle erörtert werden, bleiben unmarkiert.
- Einzelne Bibelstellen werden in verschiedenen Kapiteln erwähnt.
- Teilweise schlagen wir mehrere Lösungen vor. *Var.:* steht für Variante.
- Wo wir mit der NZB einverstanden sind bzw. wo die NZB unserem Vorschlag gefolgt ist, erstreckt sich der Text über beide Spalten:

Bibelstelle	Text der NZB in Übereinstimmung mit unserer Lösung

- Weicht bei dieser Darstellung unsere Lesart in einzelnen Wörtern dennoch von der NZB-Formulierung ab, setzen wir unsere Lesart in eckigen Klammern [ ] hinzu.
- Ein grosses Ü vor der angegebenen Bibelstelle steht für Überschrift, die diesem Vers voransteht.

Wo wir uns auf die Wortfelder hebräischer oder griechischer Begriffe beziehen, steht neben der hebräischen bzw. griechischen Schrift eine Umschrift in lateinischen Buchstaben. Die Begriffe werden jeweils erklärt, so dass keine hebräischen bzw. griechischen Sprachkenntnisse nötig sind.

1. Inklusive Sprache

Wie die meisten anderen Sprachen auch tut sich die deutsche Sprache schwer mit geschlechtergerechten Ausdrucksformen. So verwendet sie in Fällen, wo sowohl ein Mann als auch eine Frau gemeint sein kann oder wo eine Gruppe von Frauen und Männern bezeichnet wird, kurzerhand das männliche Geschlecht. Dieser männliche Oberbegriff fungiert in solchem Sprachgebrauch als *inklusiver* Begriff: Die Frauen sind «mitgemeint». Werden z. B. Aussagen über *den Leser* gemacht, gelten diese auch für *die Leserin*.

Leser (m/w)	*Musikanten (m/w)*
Leser (m) – Leserin (w)	Musikanten (m) – Musikantinnen (w)

Geschlechtsneutrale Oberbegriffe oder Pluralformen sind demgegenüber in unserer Sprache selten:

Geschwister (m/w)	*Geliebte (m/w pl.)*
Bruder (m) – Schwester (w)	Geliebter (m sg.) – Geliebte (w sg.)

Was für Substantive gilt, trifft auch auf Pronomen zu: Die männlichen Pronomen einer, jeder, jedermann, keiner usf. können das weibliche Geschlecht einschliessen, so dass dieses nicht ausdrücklich genannt wird.

jeder (m/w)
jeder (m) – jede (w)

Dieser Sachverhalt, dass der Oberbegriff meist mit der spezifisch männlichen Form zusammenfällt, führt zu einer männlichen Dominanz in unserer Sprache, so dass Frauen bewusst oder unbewusst diskriminiert werden.

Die als *inklusiv* verstandene Sprache wird denn auch unter feministischem Gesichtspunkt als *exklusive,* d. h. als exklusiv männliche Sprache beurteilt. Sie zeugt vom androzentrischen Kontext, in dem sie gesprochen und geschrieben wird. Demgegenüber plädiert die feministische Sprachkritik für eine *explizit inklusive* Sprache, die das feminine Geschlecht, wenn es gemeint ist, auch tatsächlich erwähnt.

Leser oder Leserin	*Musikanten und Musikantinnen*
Leser (m) – Leserin (w)	Musikanten (m) – Musikantinnen (w)

Auch die biblischen Texte sind in einem androzentrischen Kontext entstanden und erzählen deshalb weit häufiger von Männern als von Frauen. Doch gilt es zu beachten, dass ihr Sprachgebrauch über weite Teile hinweg inklusiv ist, die Frauen also mitgemeint und nicht ausgeschlossen sind, wenn männliche Formen gebraucht werden. So wendet sich Paulus, wenn er in Röm 16,17 die Gemeinde mit *liebe Brüder* anspricht, auch an die Frauen, und wenn die Evangelien erzählen, dass Jesus mit seinen Jüngern das Brot teilte (Mt 26,26), so suggerieren sie damit keineswegs, dass seine Jüngerinnen vom Mahl ausgeschlossen waren. Es gilt also, den inklusiven Sprachgebrauch von damals als solchen kenntlich zu machen und in eine explizit inklusive Sprache umzusetzen. Nur so wird die Botschaft des Evangeliums, die sich ohne Unterschied an Männer und Frauen wendet, auch verstanden.

Es darf nicht sein, dass das Männliche den Ausgangspunkt bildet, das Weibliche aber im Männlichen untergebracht und inbegriffen ist. Die Frauen von damals sollen heute zu Wort kommen, und die Frauen von heute sollen sich in der Sprache der Bibel wiedererkennen können. Dies zu verwirklichen ist das Ziel einer explizit inklusiven Sprache, die dort, wo beide Geschlechter gemeint sind, auch beide erwähnt. *Liebe Brüder* übersetzen wir also mit *liebe Schwestern und Brüder*[12] oder mit *liebe Glaubensgeschwister*, *seine Jünger* mit *seine Jüngerinnen und Jünger* und *jeder* mit *jeder und jede*.

1.1 PERSONENBEZEICHNUNGEN

Viele Substantive, die Personen bezeichnen, werden durchgängig in der maskulinen Form gebraucht, obwohl sie sich keineswegs exklusiv auf das männliche Geschlecht beziehen. Es gilt hier deutlich zu machen, dass auch Frauen gemeint sind oder gemeint sein könnten. Nicht immer ist dies allerdings einfach zu bewerkstelligen.

1.1.1 Volkszugehörigkeiten

Ordnet der Text Menschen einem bestimmten Volk zu und nennt er *den Juden* oder *den Griechen*, so sind *die Jüdin* und *die Griechin* meist mitgemeint. Dies gilt es zu verdeutlichen. Allerdings ist eine präzise Wiedergabe oft umständlich, wie folgende Formulierung zeigt (Röm 1,16): ... *zur Rettung für jeden und jede, der oder die glaubt, für den Juden oder die Jüdin zuerst und auch für den Griechen oder die Griechin.*

---

[12] In diesem Fall übersetzt auch die NZB erfreulicherweise explizit inklusiv (s. u. Abschnitt 1.1.4).

Eine Möglichkeit, einfacher zu formulieren, bietet der Plural, der anstelle des Singulars gesetzt werden kann: Bereits der Ausdruck *die Juden* bzw. *die Griechen* entschärft die männliche Dominanz, fällt doch der exklusiv maskuline Artikel (*der*) weg. Konsequent implizit formuliert muss es jedoch heissen: *die Jüdinnen und Juden* oder ganz einfach *die GriechInnen*. Indem wir einen Singular in einen Plural überführen, nehmen wir in Kauf, dass der Akzent von der einzelnen Person auf die Gruppe verlagert wird (vgl. Röm 2,10). An einigen Stellen hat die NZB den Singular bereits durch einen Plural ersetzt, was wir erfreut zur Kenntnis nehmen (vgl. Röm 1,16). Wir setzen auch das vorangehende Pronomen in den Plural (s. dazu auch Abschnitt 1.2.2).

Auch die Umschreibung mit *Volk* oder *Leute* (*jüdisches Volk, jüdische Leute*) ist hilfreich. Die NZB greift in Gal 3,1 ebenfalls zu dieser Lösung und schreibt anstelle von *Galater: Leute von Galatien*. Ein Nachteil ist allerdings, dass diese Umschreibungen die Identitätsbezeichnung schwächen (Röm 3,9.29; vgl. auch Röm 10,12; Offb 3,9). Die neuen semantischen Unschärfen, die entstehen, sind jedoch in jedem Fall gegen die sprachliche Diskriminierung der mitgemeinten Frauen abzuwägen.

Röm 1,16	Denn ich schäme mich des Evangeliums nicht; eine Kraft Gottes ist es zur Rettung für jeden, der glaubt [für alle, die glauben], für **die Juden** zuerst und auch für **die Griechen**.	
Röm 2,10	Herrlichkeit aber und Ehre und Frieden einem jeden, der das Gute tut, *dem Juden* zuerst und auch *dem Griechen*.	Preis aber und Ehre und Frieden allen, die das Gute tun, **den Juden** zuerst und auch **den Griechen**. *Var.:* … **den Jüdinnen und Juden** zuerst und auch **den Griechinnen und Griechen**
Röm 3,9	Vorher haben wir ja die Anklage erhoben, dass alle, *Juden* wie *Griechen*, unter der Sünde sind …	Vorher haben wir ja die Anklage erhoben, dass alle, **jüdische** wie **griechische Leute**, unter der Verirrung sind …
Röm 3,29	Ist denn Gott nur der Gott *der Juden*? Nicht auch der Heiden? Doch, auch der Heiden!	Ist denn Gott nur der Gott **des jüdischen Volkes**? Nicht auch aller Völker? Doch, auch der Völker!

Röm 10,12	Es ist ja kein Unterschied zwischen *Juden* und *Griechen* …	Es ist ja kein Unterschied zwischen **jüdischer** und **griechischer Herkunft** …
Gal 3,1	Ihr unverständigen **Leute von Galatien**, wer hat euch behext?	
Offb 3,9	… einige von denen, die sagen, sie seien *Juden*, und es nicht sind, sondern nur lügen.	… einige von denen, die sagen, sie seien **jüdischen Glaubens**, und es nicht sind, sondern nur lügen.

1.1.2 Beauftragungen und Ämter

Bei Funktionsbezeichnungen und Ämtern (*Propheten, Apostel* usf.) wird die Diskriminierung der Frau besonders deutlich. Die Wirkungsgeschichte zeigt die fatalen Folgen einer exklusiv männlichen Übersetzung auf: Frauen wird in vielen Kirchen bis heute mit Verweis auf die Bibel der Zugang zu Leitungsfunktionen untersagt. Dabei gibt es im Neuen Testament genügend Texte, die Frauen in leitender Position erwähnen (vgl. z. B. Röm 16). Auch eine Verbalformulierung kann verhindern, dass Frauen ausgeschlossen werden (1Kor 14,37).

Mit *den Propheten* sind auch oft *die prophetischen Schriften* gemeint, insbesondere in der Verbindung *das Gesetz und die Propheten* (Lk 16,16).

Lk 16,16	*Das Gesetz und die Propheten* reichen bis zu Johannes …	**Das Gesetz und die prophetischen Schriften** reichen bis zu Johannes …
Lk 24,25	Dass ihr nicht glaubt nach allem, was die *Propheten* gesagt haben!	Dass ihr nicht glaubt nach allem, was die **Propheten und Prophetinnen** gesagt haben!
1Kor 12,28	Und als solche hat euch Gott in der Gemeinde zum einen als *Apostel* eingesetzt, zum andern als *Propheten*, zum dritten als *Lehrer*.	Und als solche hat euch Gott in der Gemeinde zum einen als **Apostel und Apostelinnen** eingesetzt, zum andern als **Propheten und Prophetinnen**, zum dritten als **Lehrer und Lehrerinnen**.

1Kor 14,37	Wer meint, *ein Prophet oder ein Geistbegabter* zu sein, der erkenne, dass …	Wer meint, **prophetisch oder geistig berufen** zu sein, erkenne, dass …
		Var.: Wer meint, **prophetisch oder geistlich beauftragt** zu sein, erkenne, dass …
Offb 1,6	… der aus uns ein Königreich gemacht hat, *eine Priesterschaft* für Gott, seinen Vater, ihm sei die Herrlichkeit und die Herrschaft in alle Ewigkeit, Amen.	… der uns zu seinem Königreich gemacht hat, zu **Priesterinnen und Priestern** für Gott, seinen Vater, ihm sei die Ehre und die Kraft in alle Ewigkeit, Amen.
Offb 18,20	… freut euch, ihr Heiligen, *Apostel und Propheten!*	… freut euch, ihr Heiligen, **Apostelinnen und Apostel, Prophetinnen und Propheten!**

1.1.3 Jüngerinnen und Jünger

Auch *die Jünger* übersetzen wir in explizit inklusive Sprache. Die Evangelien zeigen überdeutlich, dass nicht nur Männer Jesus nachgefolgt sind (vgl. insbesondere Lk 8,1–3). Statt der Formulierung *Jüngerinnen und Jünger* haben wir auch die Schreibweise *JüngerInnen* diskutiert und wegen der Unhörbarkeit der männlichen Form verworfen.[13] Die Anrede der Jüngerinnen und Jünger als *Freunde* kann durch *Liebe* wiedergegeben werden (Lk 12,4).

| Lk 5,30 | … und sagten zu seinen *Jüngern* … | … und sagten zu seinen **Jüngerinnen und Jüngern** … |
| Lk 6,17 | Und eine grosse Schar seiner *Jünger* … | Und eine grosse Schar seiner **Jüngerinnen und Jünger** … |

---

[13] Bei Formulierungen wie *einer seiner Jünger* (Lk 11,1) lassen wir die männliche Form stehen.

Lk 14,27	Wer nicht sein Kreuz trägt und in meine Nachfolge tritt, kann nicht *mein Jünger* sein.	Wer nicht das Kreuz trägt und in meine Nachfolge tritt, kann nicht **mein Jünger oder meine Jüngerin** sein.

Die Anrede der Jüngerinnen und Jünger in Lk 12,4 als *meine Freunde* kann durch *meine Lieben* wiedergegeben werden.

Lk 12,4	Und euch, meinen *Freunden,* sage ich: …	Und euch, meinen **Lieben,** sage ich: …

1.1.4 Schwestern und Brüder

Die Anrede *Brüder* in den paulinischen Briefen wurde in der NZB mit *Brüder und Schwestern* ersetzt (z. B. Röm 1,13; Gal 1,11; 5,13), was wir als einen grossen Erfolg würdigen, denn gerade dieses Beispiel zeigt überaus klar, welch ausschliessender und diskriminierender Charakter exklusiv männlichen Formulierungen zukommt. Unseres Erachtens sollte es allerdings durchgängig *Brüder und Schwestern* heissen (also z. B. auch in Lk 6,42; 17,3f; Röm 14,10.13). Damit ein Text durch das wiederholte *Bruder und Schwester* nicht schwerfällig wird, kann die Doppelformulierung auch nur an einem ausgewählten Ort gesetzt werden: Lk 6,42 nennt das Beispiel eines *Bruders.* Die erweiterte Schlussbemerkung macht nun klar, dass die vorangehenden Aussagen auch für Schwestern gelten.

Wie bei anderen Verwandtschaftsbezeichnungen auch (s. u.) kennt die deutsche Sprache für *Schwester* und *Bruder* einen geschlechtsneutralen Oberbegriff: *Geschwister.* Dieser eignet sich oft sehr gut zur Übersetzung des griechischen Begriffs ἀδελφοί *adelphoi* (Mk 13,12; Lk 14,12) – die griechische Sprache selbst kennt keinen spezifischen Oberbegriff. So erwähnt der griechische Originaltext in Mk 3,35 denn auch für einmal neben dem Bruder explizit die Schwester. Da der Begriff *Geschwister* nicht im gleichen Masse wie der Begriff *Bruder* eine metaphorische Bedeutung evoziert, empfiehlt sich die Präzisierung durch *Glaubensgeschwister* (1Kor 5,11; 6,5f).

Mk 3,33–35	**33** Und er entgegnet ihnen: Wer ist meine Mutter, und wer sind meine **Geschwister**? **34** Und er schaut, die im Kreis um ihn sitzen, einen nach dem andern an und spricht: Das hier ist meine Mutter, und das sind meine **Brüder und Schwestern**! **35** Denn wer den Willen Gottes tut, der [-] ist mir Bruder und Schwester und Mutter.

Mk 13,12	Und es wird *ein Bruder den andern* dem Tod ausliefern …	Und **Geschwister** werden **einander** dem Tod ausliefern …
Lk 6,42	Wie kannst du zu deinem Bruder sagen: Bruder, komm, ich will den Splitter in deinem Auge herausziehen, während du den Balken in deinem Auge nicht siehst? Du Heuchler! Zieh zuerst den Balken aus deinem Auge, dann wirst du klar genug sehen, um den Splitter im Auge *deines Bruders* herauszuziehen.	Wie kannst du zu deinem Bruder sagen: Bruder, komm, ich will den Splitter in deinem Auge herausziehen, während du den Balken in deinem Auge nicht siehst? Du Heuchler! Zieh zuerst den Balken aus deinem Auge, dann wirst du klar genug sehen, um den Splitter im Auge **deines Bruders oder deiner Schwester** herauszuziehen.
Lk 14,12	Wenn du ein Mittagessen oder ein Abendessen gibst, so lade weder deine Freunde noch deine *Brüder* noch deine Verwandten noch reiche Nachbarn ein …	Wenn du ein Mittagessen oder ein Abendessen gibst, so lade weder deine Freunde und Freundinnen noch deine **Geschwister** noch deine Verwandten noch reiche Nachbarinnen und Nachbarn ein …
Lk 17,3f	Wenn *dein Bruder* sündigt, so weise *ihn* zurecht; und wenn *er* umkehrt, so vergib *ihm*. Und wenn *er* siebenmal am Tag an dir schuldig wird und siebenmal zu dir kommt und sagt: Ich will umkehren, sollst du *ihm* vergeben.	Wenn **dein Bruder oder deine Schwester** sich verirrt, so weise **sie** zurecht; und wenn **sie** umkehren, so vergib **ihnen**. Und wenn **sie** siebenmal am Tag an dir schuldig werden und siebenmal zu dir kommen und sagen: Ich will umkehren, sollst du **ihnen** vergeben.
Röm 1,13	Ihr sollt aber auch wissen, **liebe Brüder und Schwestern**, dass ich mir schon oft vorgenommen habe, zu euch zu kommen …	

Röm 14,10	Du aber, was richtest du *deinen Bruder*? Und du, was verachtest du *deinen Bruder*?	Du aber, was richtest du **deinen Bruder oder deine Schwester**? Und du, was verachtest du **deinen Bruder oder deine Schwester**?
Röm 14,13	Achtet vielmehr darauf, *dem Bruder* keinen Anstoss zu geben und *ihn* nicht zu verführen.	Achtet vielmehr darauf, **dem Bruder und der Schwester** keinen Anstoss zu geben und **sie** nicht in die Irre zu führen.
1Kor 5,11	Ihr sollt keinen Umgang haben mit jemandem, *der sich Bruder* nennt und dabei Unzucht treibt …	Ihr sollt keinen Umgang haben mit **solchen, die sich eure Geschwister** nennen und dabei Unzucht treiben … *Var.:* … mit **solchen, die sich Glaubensgeschwister** nennen …
1Kor 6,5	Gibt es denn keinen Verständigen unter euch, der zwischen *Bruder und Bruder* Recht sprechen könnte?	Gibt es denn keine verständige Person unter euch, die zwischen **Glaubensgeschwistern** Recht sprechen könnte?
1Kor 6,6	Aber nein, da zieht *ein Bruder den andern* vor Gericht …	Aber nein, da **prozessieren Glaubensgeschwister gegeneinander** …
Gal 1,11	Ich will euch nämlich, liebe **Brüder und Schwestern**, kundtun, dass …	
Gal 2,4	Was aber die falschen **Brüder und Schwestern**, die Eindringlinge, betrifft …	
Gal 5,13	Denn zur Freiheit seid ihr berufen worden, liebe **Brüder und Schwestern**.	

1.1.5 Töchter und Söhne

Sehr erfreulich ist, dass die NZB an vielen, wenn auch nicht an allen Stellen die *Söhne* durch *Söhne und Töchter* ersetzt (z. B. Mt 5,9.45; Lk 1,16; 6,35; 10,6; Röm 8,14.23; Gal 3,7).

Was für *Geschwister* als Oberbegriff von *Bruder und Schwester* gilt, gilt auch für das Wort *Kinder*, das aus der Perspektive der Eltern *Söhne und Töchter* bezeichnet (Mt 8,12). Problematisch ist allenfalls, dass die zweite Bedeutung des Wortes *Kinder*, nämlich *Unmündige*, auch mitschwingen kann.

Erneut gilt, dass auch bei negativen Bedeutungen eine explizit inklusive Sprache erforderlich ist (Mt 8,12; 23,15).

Mt 5,9	Selig, die Frieden stiften – sie werden **Söhne und Töchter** Gottes genannt werden.	
Mt 5,45	… so werdet ihr **Söhne und Töchter** eures Vaters im Himmel …	
Mt 8,12	Die *Söhne* des Reichs aber werden in die äusserste Finsternis hinausgeworfen werden …	Die **Söhne und Töchter** des Reichs aber werden in die äusserste Finsternis hinausgeworfen werden … *Var.:* Die **Kinder** des Reichs aber werden in die äusserste Finsternis hinausgeworfen werden …
Mt 23,15	… um einen einzigen zum Proselyten zu machen; und wenn er es geworden ist, macht ihr einen *Sohn* der Hölle aus ihm …	… um einen einzigen Menschen zum Proselyten zu machen; und wenn er es geworden ist, macht ihr einen **Sohn oder eine Tochter** der Hölle aus ihm …
Lk 1,16	… und viele von den **Söhnen und Töchtern** Israels wird er zurückführen …	
Lk 6,35	… und ihr werdet **Söhne und Töchter** des Höchsten sein …	
Lk 10,6	Und wenn dort *ein Sohn* des Friedens ist …	Und wenn dort **ein Sohn oder eine Tochter** des Friedens ist …

Röm 8,14	Denn die vom Geist [von der Geistkraft] Gottes getrieben werden, das sind **Söhne und Töchter** Gottes.	
Röm 8,23	… und warten auf unsere Anerkennung als **Söhne und Töchter**, auf die Erlösung unseres Leibes.	
Gal 3,7	Erkennt also: Die aus Glauben leben, das sind die **Söhne und Töchter** Abrahams.	
Gal 4,7	So bist du nun nicht mehr Sklave, sondern *Sohn*; bist du aber *Sohn*, dann auch Erbe – durch Gott.	So bist du nun nicht mehr versklavt, sondern **Sohn und Tochter**; bist du aber **Sohn und Tochter**, dann auch Erbe und Erbin – durch Gott.

1.1.6 Eltern statt Väter

Auch der Begriff *Väter* schliesst die Frauen, die Mütter, aus, obwohl diese in den entsprechenden biblischen Texten oft ebenfalls gemeint sind. *Die Väter* können durch *die Vorfahren* (1Kor 10,1; Gal 1,14) oder durch *die Eltern* (Lk 1,17), auch *Erzeltern* (Röm 15,8) ersetzt werden, *die Vaterstadt* durch *die Heimatstadt*, denn diese braucht nicht die Stadt des Vaters zu sein (Mk 6,1).

Mk 6,1	Und er kommt in seine *Vaterstadt* …	Und er kommt in seine **Heimatstadt** …
Lk 1,17	… um die Herzen der *Väter* zu den Kindern zurückzuführen …	… um die Herzen der **Eltern** zu den Kindern zurückzuführen …
Röm 15,8	… um die Verheissungen, die an die *Väter* ergangen sind, zu bekräftigen.	… um die Verheissungen, die an die **Erzeltern** ergangen sind, zu bekräftigen.
1Kor 10,1	Ihr sollt aber wissen, liebe Brüder und Schwestern, dass unsere *Väter* alle unter der Wolke waren, alle durch das Meer hindurchzogen …	Ihr sollt aber wissen, liebe Brüder und Schwestern, dass unsere **Vorfahren** alle unter der Wolke waren, alle durch das Meer hindurchzogen …

| Gal 1,14 | … habe ich mich doch mit ganz besonderem Eifer für die Überlieferungen meiner *Väter* eingesetzt. | … habe ich mich doch mit ganz besonderem Eifer für die Überlieferungen meiner **Vorfahren** eingesetzt. |

1.1.7 Personenbezeichnungen

Um eine exklusiv männliche Sprache zu vermeiden, bieten sich generell folgende Möglichkeiten: a) die weibliche Form hinzufügen (Offb 2,2), b) das Substantiv durch ein Partizip (Offb 18,22; 1Kor 7,22) oder einen Relativsatz (Mk 1,36; Röm 1,17; 16,3; Offb 13,12; 17,8) ersetzen, c) das Substantiv mit *Person* oder *Mensch* umschreiben (Lk 13,4; Röm 14,1; 1Kor 8,11), d) das Substantiv verbalisieren (Röm 2,19–21; 2,25; Offb 11,7), e) mit viel Glück einen präziseren, geschlechtergerechten Begriff finden (Mk 2,17[14]; Röm 13,9f). Auch bei negativen Bezeichnungen sind die Frauen sichtbar zu machen (Mk 2,17; Offb 2,2).

Mk 1,36	Simon aber und *seine Gefährten* eilten ihm nach.	Simon aber und die **mit ihm waren,** eilten ihm nach.[15]
Mk 2,17	Ich bin nicht gekommen, Gerechte zu rufen, sondern *Sünder.*	Ich bin nicht gekommen, Gerechte zu rufen, sondern **Verirrte.**
Lk 13,4	… meint ihr, sie seien schuldiger gewesen als alle anderen *Bewohner Jerusalems?*	… meint ihr, sie seien schuldiger gewesen als alle anderen **Menschen, die in Jerusalem wohnten**?
Röm 1,17	*Der* aus Glauben *Gerechte* aber wird leben.	**Wer** aber aus Glauben **gerecht ist,** wird leben.

---

[14] Zum Begriff *Verirrte* s.u. Abschnitt 7.4.
[15] Der griechische Text formuliert wörtlich: *die mit ihm.*

Röm 2,19–21	… wenn du dir also zutraust, *ein Führer der Blinden* zu sein, ein Licht für die in der Finsternis, *ein Erzieher der Unwissenden, ein Lehrer der Unmündigen, der* im Gesetz die Verkörperung der Erkenntnis und Wahrheit hat – du also belehrst den anderen und dich selbst belehrst du nicht?	… wenn du dir also, da du im Gesetz die Verkörperung der Erkenntnis und Wahrheit hast, zutraust, **Blinde zu führen**, ein Licht für die in der Finsternis zu sein, **Unwissende zu lehren, Unmündige zu erziehen** –, belehrst du da den anderen und dich selbst belehrst du nicht?
Röm 2,25	… **übertrittst** du aber das Gesetz …	
Röm 13,9f	Du sollst *deinen Nächsten* lieben wie dich selbst. Die Liebe fügt dem *Nächsten* nichts Böses zu.	Du sollst **dein Gegenüber** lieben wie dich selbst. Die Liebe fügt dem **Gegenüber** nichts Böses zu.
Röm 14,1	Den *im Glauben Schwachen* nehmt an …	Den **glaubensschwachen Menschen** nehmt an …
Röm 16,3	Grüsst Priska und Aquila, *meine Mitarbeiter* in Christus Jesus …	Grüsst Priska und Aquila, **die** in Christus Jesus **mit mir arbeiten** …
1 Kor 7,22	Denn wer im Herrn als Sklave berufen wurde, ist ein *Freigelassener* des Herrn …	Denn wer im Höchsten als Sklave oder Sklavin berufen wurde, ist **freigelassen im** Höchsten …
1 Kor 8,11	Ja, *der Schwache* wird durch deine Erkenntnis zugrunde gerichtet …	Ja, **wer schwach ist**, wird durch deine Erkenntnis zugrunde gerichtet …
		Var.: Ja, **ein schwacher Mensch** wird durch deine Erkenntnis zugrunde gerichtet …

1Joh 2,4f	Wer sagt: Ich habe ihn erkannt, und hält seine Gebote nicht, ist *ein Lügner* – in *dem* ist die Wahrheit nicht. Wer aber sein Wort bewahrt, in dem ist die Liebe Gottes wirklich zur Vollendung gekommen.	Wer sagt: Ich habe ihn erkannt, und hält seine Gebote nicht, ist **ein Lügner, eine Lügnerin** – in **ihnen** ist die Wahrheit nicht. Die aber sein Wort bewahren, in denen ist die Liebe Gottes wirklich zur Vollendung gekommen.
Offb 2,2	… dass du geprüft hast, die da sagen, sie seien *Apostel*, und es nicht sind, und dass du sie als *Lügner* entlarvt hast.	… dass du geprüft hast, die da sagen, sie seien **Apostelinnen und Apostel**, und es nicht sind, und dass du sie als **Lügner und Lügnerinnen** entlarvt hast.
Offb 11,7	Und wenn sie ihren Auftrag als *Zeugen* erfüllt haben …	Und wenn sie **ihr Zeugnis abgelegt** haben …
Offb 13,12	Und es bewirkt, dass die Erde und **die sie bewohnen** …	
Offb 17,8	… und staunen werden die *Erdenbewohner*, deren Namen im Buch des Lebens nicht aufgeschrieben sind …	… und staunen werden **die auf der Erde wohnen**, deren Namen im Buch des Lebens nicht aufgeschrieben sind …
Offb 18,22	Und keinen Klang von *Harfenspielern*, von *Sängern*, von *Flöten- und Posaunenbläsern* wird man in deinen Mauern mehr hören …	Und kein Klang von **Harfenspielenden**, von **Sängerinnen und Sängern**, von **Flöten- und Posaunenblasenden** wird in deinen Mauern mehr gehört werden …

1.1.8 Menschen und Leute statt Männer

Der Begriff *Mann* kann oft durch den geschlechtergerechten Begriff *Mensch*, im Plural durch *Leute* oder durch *Männer und Frauen* ersetzt werden, ohne den griechischen Urtext zu verfälschen (so auch die NZB selbst z. B. in Mt 14,35). Bei den Speisungserzählungen bieten sich verschiedene Varianten an (vgl. Mk 6,44 und Joh 6,10).

Mt 12,41	Die *Männer* Ninives werden im Gericht aufstehen …	Die **Männer und Frauen** von Ninive werden im Gericht aufstehen … *Var.:* Die **Menschen** von Ninive werden im Gericht aufstehen …
Mt 14,35	Und als **die Leute** an jenem Ort ihn erkannten …	
Mk 6,44	Und es waren fünftausend *Männer*, die gegessen hatten.	Und es waren fünftausend **Leute**, die gegessen hatten.
Lk 16,1	Und zu den Jüngern sprach er: Es war einmal ein reicher *Mann* …	Und zu den Jüngern und Jüngerinnen sprach er: Es war einmal ein reicher **Mensch** …
Joh 6,10	Jesus sprach: Lasst die Menschen sich setzen! An dem Ort war viel Gras. Da setzten sich *die Männer*, etwa fünftausend an der Zahl.	Jesus sprach: Lasst die Menschen sich setzen! An dem Ort war viel Gras. Da setzten **sie** sich, **nur schon die Männer** etwa fünftausend an der Zahl.
Röm 4,8	Selig der *Mann*, dessen Sünde der Herr nicht anrechnet.	Selig der **Mensch**, dessen Verirrung der Höchste nicht anrechnet.
Röm 11,4	Ich habe mir bewahrt *siebentausend Mann*, die ihre Knie nicht gebeugt haben vor dem Schandmal des Baal.	Ich habe mir bewahrt **siebentausend**, die nicht vor Baal niedergefallen sind.

1.2 GESCHLECHTERGERECHTE PRONOMEN

Die Pronomen *er, jeder, jedermann, einer, keiner, anderer* usf. verweisen grammatikalisch exklusiv auf das männliche Geschlecht; die Frauen sind aus feministischer Perspektive ausgeschlossen bzw. eben nur «mitgemeint». Da der Gebrauch von Pronomen strengen grammatikalischen Regeln folgt, mit denen zwar kreativ umgegangen werden kann, die sich jedoch nicht einfach ausser Kraft setzen lassen, sind gerade in diesem Kapitel nicht alle Probleme lösbar. Häufig sind jedoch elegante Alternativen möglich.

1.2.1 Relativpronomen

Während das Relativpronomen *wer* geschlechtsneutral ist und also kein Problem darstellt, ist das Relativpronomen *der* exklusiv männliche Sprache. Oft kann es einfach weggelassen werden (Mt 7,8; Mk 4,9); dasselbe gilt für das Pronomen *er* (Gal 6,3). Ein Relativsatz lässt sich auch in den Plural setzen (Röm 14,14) oder in ein Substantiv (im Plural) umwandeln (Gal 6,6). Des Weiteren bieten sich Umschreibungen an (Röm 2,1). Mit Joh 14,21 führen wir ein Beispiel an, wo wir keine befriedigende Lösung gefunden haben.

Mt 7,8	Denn wer bittet, empfängt; wer sucht, *der* findet; wer anklopft, *dem* wird aufgetan.	Denn wer bittet, empfängt; wer sucht, findet; wer anklopft, **dem oder der** wird aufgetan.
Mk 4,9	Wer Ohren hat zu hören, *der* höre!	Wer Ohren hat zu hören, höre!
Joh 14,21 (*keine Lösung*)	Wer meine Gebote hat und sie hält, *der* ist es, *der* mich liebt. Wer mich aber liebt, wird von meinem Vater geliebt werden, und ich werde *ihn* lieben und mich *ihm* offenbaren.	
Röm 2,1	Darum gibt es keine Entschuldigung für dich, Mensch, wer immer du bist, *der* du urteilst.	Darum gibt es keine Entschuldigung für dich, Mensch, **wann** immer du urteilst.
Röm 14,14	Ich weiss und bin mir im Herrn Jesus gewiss, dass nichts an sich unrein ist, sondern nur für *den, der* es für unrein hält; *für den* ist es unrein.	Ich weiss und bin mir im Höchsten Jesus gewiss, dass nichts an sich unrein ist, sondern nur für **diejenigen, die** es für unrein halten, ist es unrein.
Gal 6,3	Denn wer meint, etwas zu sein, obwohl *er* nichts ist, *der* betrügt sich.	Denn wer meint, etwas zu sein, **jedoch** nichts ist, betrügt sich.
Gal 6,6	Wer aber im Wort unterrichtet wird, lasse *den, der ihn unterrichtet,* an allen Gütern teilhaben.	Wer aber im Wort unterrichtet wird, lasse **die Unterrichtenden** an allen Gütern teilhaben.

1.2.2 Alle statt jeder

Jeder lässt sich durch *jeder und jede* oder durch *alle* ersetzen (Joh 7,53; Röm 15,2; Gal 6,5). *Jedermann* kann in *alle Menschen* umformuliert werden (1Kor 3,4), *ein jeder* in *jeder und jede einzelne* oder *jeder Mensch* (Röm 12,3; 1Kor 7,17; Offb 2,23). *Jeder, der* lässt sich oft durch den Plural *alle, die* oder durch einen relativen Anschluss ersetzen (Lk 12,8; Röm 10,13; Gal 3,10). Ebenfalls möglich ist die Formulierung *jeder und jede, die*: Es kann dann für einmal mit der femininen Form weitergefahren werden (Lk 6,47f; Joh 11,26) – zur Kompensation derjenigen Fälle, die sich nicht ändern lassen (s. o. Joh 14,21). Eine weitere Möglichkeit besteht darin, *jeder* durch *jede Person* zu ersetzen (Röm 12,3).

Lk 6,47f	*Jeder, der* zu mir kommt und meine Worte hört und danach handelt – ich will euch zeigen, wem *er* gleich ist. *Er* ist einem Menschen gleich, der …	**Jeder und jede, die** zu mir kommt und meine Worte hört und danach handelt – ich will euch zeigen, wem **sie** gleich ist. **Sie** ist einem Menschen gleich, der …
Lk 12,8	Zu *jedem, der* sich vor den Menschen zu mir bekennt, wird sich auch der Menschensohn bekennen vor den Engeln Gottes.	**Wer immer** sich vor den Menschen zu mir bekennt, zu **ihm oder ihr** wird sich auch der Menschensohn bekennen vor den Engeln Gottes.
Joh 7,53	Und sie gingen, *jeder in sein Haus.*	Und sie gingen **alle nach Hause.**[16]
Joh 11,26	… und *jeder, der* lebt und an mich glaubt, wird in Ewigkeit nicht sterben.	… und **jeder und jede, die** lebt und an mich glaubt, wird in Ewigkeit nicht sterben.
Röm 10,13	Denn: *Jeder, der* den Namen des Herrn anruft, wird gerettet werden.	Denn: **Alle, die** den Namen des Höchsten anrufen, werden gerettet werden.

---

[16] Gegenüber der wörtlichen Übersetzung *in sein Haus gehen* ist die Wendung *nach Hause gehen* eleganter.

Röm 12,3	Denn ich sage *einem jeden* unter euch kraft der mir verliehenen Gnade: Sinnt nicht über das hinaus, was zu sinnen nottut! Seid vielmehr auf Besonnenheit bedacht, *jeder*, wie Gott *ihm* das Mass des Glaubens zugeteilt hat.	Denn ich sage **jedem und jeder einzelnen** unter euch kraft der mir verliehenen Zuwendung: Sinnt nicht über das hinaus, was zu sinnen nottut! Seid vielmehr auf Besonnenheit bedacht, **jede Person**, wie Gott **ihr** das Mass des Glaubens zugeteilt hat.
Röm 15,2	*Jeder* von uns lebe dem Nächsten zu Gefallen …	**Jeder und jede** von uns lebe dem Gegenüber zu Gefallen …
1Kor 3,4	… seid ihr da nicht wie *jedermann*?	… seid ihr da nicht wie **andere Menschen?**[17] *Var.:* … wie **alle Menschen**?
1Kor 7,17	*Ein jeder* führe sein Leben so, wie es der Herr ihm zugeteilt, wie Gott ihn berufen hat.	**Jeder Mensch** führe sein Leben so, wie es der Höchste ihm zugeteilt, wie Gott ihn berufen hat.
Gal 3,10	Verflucht ist *jeder, der* nicht bleibt bei allem, wovon im Buch des Gesetzes geschrieben steht …	Verflucht ist, **wer** nicht bleibt bei allem, wovon im Buch des Gesetzes geschrieben steht …
Gal 6,5	… denn *jeder* wird *seine* eigene Bürde zu tragen haben.	… denn **jeder und jede** wird **die** eigene Bürde zu tragen haben.
Offb 2,23	… und ich werde euch vergelten, *einem jeden* nach *seinen* Taten.	… und ich werde **euch einzeln** vergelten nach **euren** Taten.

[17] Im Griechischen steht auch *Mensch*.

1.2.3 Jemand und niemand statt einer und keiner

Die maskulinen Pronomen *einer* und *keiner* lassen sich durch *jemand* und *niemand* ersetzen (Mk 8,4; Röm 3,10–12) oder durch *ein Mensch* und *kein Mensch* (Mk 4,26f; Lk 13,19). In Mk 4,26f entspricht letztere Lösung sogar dem griechischen Text, der wörtlich *ein Mensch* schreibt. Obwohl *jemand* und *niemand* grammatikalisch männlich gebraucht werden, sind sie unseres Erachtens geschlechtsneutral. Ähnliche Lösungen sind bei *andere* und bei *er* möglich; hier bieten sich oft auch Umschreibungen an (Röm 13,8; 14,23; 1Kor 14,31; Offb 13,17).

Mk 4,26f	Mit dem Reich Gottes ist es so, wie wenn *einer* Samen aufs Land wirft; *er* schläft und steht auf …	Mit dem Reich Gottes ist es so, wie wenn **ein Mensch** Samen aufs Land wirft, **und** schläft und aufsteht …
Mk 8,4	Wie sollte *einer* diese Leute mit Brot satt machen können hier in der Einöde?	Wie sollte **jemand** diese Leute mit Brot satt machen können hier in der Einöde?
Lk 13,19	Es ist einem Senfkorn gleich, das *einer* nahm und in seinen Garten säte.	Es ist einem Senfkorn gleich, das **ein Mensch** nahm und in seinen Garten säte.
Röm 3,10–12	… **10** wie geschrieben steht: Da ist *kein Gerechter,* auch nicht *einer,* **11** da ist *keiner, der Verstand hätte,* da ist *keiner, der Gott suchte.* **12** Alle sind sie vom Weg abgekommen, allesamt taugen sie nichts; da *ist keiner, der sich in Güte übte, keiner,* auch nicht *einer.*	… **10** wie geschrieben steht: Da ist **niemand gerecht, gar niemand,** **11** da ist **niemand mit Verstand,** da ist **niemand auf der Suche nach Gott.** **12** Alle sind sie vom Weg abgekommen, allesamt taugen sie nichts; da **übt sich niemand in Güte, niemand, gar niemand.**
Röm 13,8	Denn wer *den andern* liebt, hat das Gesetz erfüllt.	Denn wer **die andern** liebt, hat das Gesetz erfüllt. *Var.:* Denn wer **andere** liebt …

Röm 14,5	*Der eine* macht einen Unterschied zwischen den Tagen, für *den andern* sind alle Tage gleich. *Jeder* aber bleibe seiner Überzeugung treu.	**Jemand** macht einen Unterschied zwischen den Tagen, für **andere** sind alle Tage gleich. **Alle** aber mögen ihrer Überzeugung treu bleiben.
Röm 14,23	Wer aber Bedenken hat, wenn *er* etwas isst, *der* hat sich selber verurteilt …	Wer aber Bedenken hat, **etwas zu essen**, hat sich selber verurteilt …
1Kor 14,31	Ihr könnt doch alle, *einer nach dem andern*, prophetisch reden …	Ihr könnt doch alle, **nacheinander**, prophetisch reden …
Offb 13,17	… so dass niemand mehr etwas kaufen oder verkaufen kann, es sei denn, *er* habe das Zeichen …	… so dass niemand mehr etwas kaufen oder verkaufen kann, **ausser wer** das Zeichen hat …

1.2.4 Umschreibungen für man

Obwohl das Pronomen *man* geschlechtsneutral ist, wird es von vielen wegen des Gleichklangs mit dem Wort *Mann* gemieden. Ein entsprechendes Pronomen gibt es im Griechischen nicht, an den betreffenden Stellen steht meist *ein Mensch, sie* oder eine Passivwendung. Eine wörtliche Übersetzung drängt sich denn auch in vielen Fällen auf.

Mk 13,11	Und wenn *man* euch abführt und vor Gericht stellt …	Und wenn **ihr** abgeführt und ausgeliefert werdet …
Lk 18,15	*Man* brachte auch die kleinen Kinder zu ihm …	**Sie brachten** auch die kleinen Kinder zu ihm …
Röm 10,10	Mit dem Herzen nämlich glaubt *man*, auf Gerechtigkeit hin; mit dem Mund bekennt *man*, auf Rettung hin.	Mit dem Herzen nämlich **glauben wir**, auf Gerechtigkeit hin; mit dem Mund **bekennen wir**, auf Rettung hin.
1Kor 4,1	So soll *man* uns als Diener des Christus und als Verwalter der Geheimnisse Gottes betrachten.	So sollen **wir** betrachtet werden als Dienerinnen und Diener des Christus und als Verwalterinnen und Verwalter der Geheimnisse Gottes.

| 1Kor 4,2 | Nun verlangt *man* ja von einem Verwalter nichts weiter, als dass er für treu befunden werde. | Nun **wird** ja von Verwaltungspersonen nichts weiter **verlangt**, als dass sie für treu befunden werden. |

2. Frauenwelten sichtbar machen

Die Rolle der Frau bzw. ihr Verhältnis zum Mann wird in den einzelnen biblischen Schriften sehr unterschiedlich gewertet. Das Spektrum reicht von einer klaren «Gleichstellung» (z. B. 1Mose 1,27: *Und Gott schuf den Menschen nach seinem Bilde, nach dem Bilde Gottes schuf er ihn; als Mann und Frau schuf er sie*) bis zur Diskriminierung (z. B. 1Tim 2,12: *Zu lehren gestatte ich einer Frau nicht, ebensowenig über einen Mann zu bestimmen. Sie soll sich still verhalten*). Texte wie 1Tim, die patriarchale Denkmuster ihrer Zeit unreflektiert reproduzieren, gehören in der Bibel allerdings zur Minderheit. Ihre frauenfeindlichen Aussagen lassen sich durch keine Übersetzung abschwächen, sondern müssen kritisiert werden.

Obwohl die biblischen Texte in androzentrischen Kontexten entstanden sind, durchbrechen sie immer wieder die Fixierung auf das männliche Geschlecht und heben die Kompetenzen und Möglichkeiten der Frau hervor. Solche Texte, die der Frau und ihrer Lebenswelt eine zentrale Bedeutung beimessen, dürfen durch die Übersetzung nicht bagatellisiert werden. Eigenständige Frauenfiguren von der Prophetin Mirjam über Maria Magdalena bis zu den Gemeindeleiterinnen, die Paulus erwähnt, wurden im Lauf der Kirchengeschichte immer stärker an den Rand gedrängt. Durch Verschweigen[18], abwertende Kommentare[19] oder gar durch die sprachliche Umwandlung ihres Geschlechts[20] wurden sie unsichtbar gemacht. Unser Augenmerk gilt nicht nur weggeschobenen Frauenfiguren, sondern auch der weiblichen Lebenswirklichkeit (weiblicher Körper, Schwangerschaft, Geburt u. a.), die in vielen biblischen Schriften einen hohen Stellenwert hat und die durch die Übersetzung nicht verdeckt werden darf. Umgekehrt gilt es zu vermeiden, dass Frauen auf ihre Mutterschaft reduziert werden, denn die Bibel würdigt gerade auch ihre spirituellen Lebensräume.

Es geht uns nicht darum, eine Weiblichkeit in den Text hineinzulesen, die dieser gar nicht thematisiert, sondern wir suchen – gleichsam in «archäologischer» Arbeit – nach feministischen Zügen, die über lange Zeit verdeckt wurden und nun wieder zu Tage treten sollen.

---

[18] Wie im Falle des Martabekenntnisses (s. u. Abschnitt 9.2.5).
[19] Z. B. wurde Maria von Magdala zu Unrecht mit der «grossen Sünderin» aus Lk 7,36–50 identifiziert.
[20] Wie im Falle von Junia (s. u. Abschnitt 2.1.5).

2.1 Frauen im Blickfeld

Es gibt im Neuen Testament einige wichtige Frauenfiguren. Sowohl aus dem Kreis der Jüngerinnen und Jünger Jesu als auch aus dem Kreis der ersten urchristlichen Gemeinden begegnen uns Frauen, die eine wichtige Funktion innehaben.[21] Ihre Stellung darf durch die Übersetzung nicht marginalisiert werden.

2.1.1 Jüngerinnen

Das Neue Testament erwähnt immer wieder, dass nicht nur Jünger, sondern auch Jüngerinnen Jesus nachfolgten. Einige sind uns mit Namen bekannt: Die Schwestern Maria und Marta, Maria aus Magdala, Maria, die Frau des Klopas, Maria, die Mutter des Jakobus, Johanna, Salome, Susanna und Maria, die Mutter Jesu.

Ist von Jüngerinnen explizit die Rede, dürfen sie nicht sogleich wieder in den Hintergrund gerückt werden. In Lk 23,27 heisst es wörtlich, dass Jesus eine grosse Volksmenge und viele Frauen folgten. Die NZB hat hier unseren Vorschlag übernommen und erwähnt nun die *vielen Frauen* (in der Evangelienausgabe der NZB von 1996 hiess es: *eine grosse Volksmenge, darunter auch Frauen*).

Lk 23,27	Es folgte ihm aber eine grosse Volksmenge **und viele Frauen**, die klagten und um ihn weinten.

2.1.2 Prophetinnen

Dass das Neue Testament von Prophetinnen weiss, zeigt z. B. Hanna in Lk 2,36, die den Titel *Prophetin* trägt. In Apg 21,9 berichtet Lukas von den vier Töchtern des Philippus, die prophetisch redeten; er benutzt das Verb προφητεύω *prophēteuō* (*prophezeien*). Der Akzent des Satzes liegt nicht darauf, dass die Töchter noch nicht verheiratet sind (s. u. Abschnitt 2.2.1), sondern auf ihrer prophetischen Tätigkeit, die mit *prophetischer Begabung* nur unzureichend wiedergegeben wird. Mit dieser Formulierung wird die Prophetin in eine passive Rolle gedrängt. Die Töchter sind nicht einfach nur begabt, sondern wirken auch ihrer Begabung und Berufung entsprechend. In

---

[21] Vgl. z. B. Maria von Magdala, die im Johannesevangelium als erste Verkündigerin der Auferstehung Christi beauftragt wird (Joh 20,17; vgl. Mk 16,9).

Mt 7,22 übersetzt auch die NZB das Verb προφητεύω *prophēteuō* mit *als Propheten reden.*

Mt 7,22	Herr, Herr, [Höchster, Höchster,] haben wir nicht in deinem Namen **als Propheten [und Prophetinnen] geredet** …	
Apg 21,9	Dieser hatte vier Töchter, *prophetisch begabte Jungfrauen.*	Dieser hatte vier **heiratsfähige** Töchter, **die Prophetinnen waren.**

2.1.3 Die Frau, die Jesus salbt

Die Erzählung von der Frau, die Jesus mit kostbarem Öl salbt, ist uns in allen vier Evangelien überliefert (Mt 26,6–13; Mk 14,3–9; Lk 7,36–50; Joh 11,55–12,11). Zwar akzentuieren die einzelnen Evangelisten unterschiedliche Züge, allen Erzählungen gemeinsam ist jedoch die Tatsache, dass hier eine Frau prophetisch handelt, denn die Salbung mit kostbarem Öl ist Symbol höchster Ehre (vgl. 1Sam 10), zugleich nimmt sie die Totensalbung Jesu vorweg (Mk 14,8).

Markus und Matthäus betonen, dass die Tat der unbekannten Frau in aller Welt «zu ihrem Gedächtnis» erzählt werden wird, Lukas ergänzt, dass die Frau eine «Sünderin» war, und bei Johannes wird die Unbekannte zu Maria (der Schwester von Marta und Lazarus). Die NZB überschreibt die Erzählung bei Mk, Mt und Joh jeweils mit *Die Salbung in Betanien* bzw. *Salbung in Betanien*, bei Lk mit *Die Salbung durch eine Sünderin* (im ersten Entwurf noch: *Die dankbare Sünderin*). Wir sind der Meinung, dass die Frau auch bei Mk, Mt und Joh im Titel hervortreten soll, und bevorzugen bei Lk anstelle der *Salbung durch eine Sünderin* einen neutraleren Titel. Zwar ist die *Sünde* bzw. die *Verirrung* in der lukanischen Erzählung von zentraler Bedeutung, doch wird gerade nicht auf eine einzelne Person als *Sünderin* abgehoben. Weitere problematische Überschriften thematisieren wir in Kapitel 9.

Ü Mt 26,6; Ü Mk 14,3	*Die Salbung in Betanien*	**Eine Frau salbt Jesus**
Ü Lk 7,36	*Die Salbung durch eine Sünderin*	**Eine Frau zeigt ihre Liebe**
Ü Joh 11,55	*Salbung in Betanien*	**Maria von Betanien salbt Jesus**

2.1.4 Phöbe, die Beschützerin

In Röm 16,1f empfiehlt Paulus der Gemeinde in Rom Phöbe, die in Kenchreä tätig ist. In 16,1 und 16,2 schreibt Paulus ihr mit zwei Substantiven wichtige Funktionen bzw. Titel zu: Phöbe ist διάκονος *diakonos* (*Diakonin*) und προστάτις *prostatis* (*Beschützerin, Helferin*). Den Titel *Diakonin* hat die NZB verdankenswerterweise auf unseren Vorschlag hin gesetzt. Eine Verbalisierung der zweiten Funktion, wie die NZB in 16,2 übersetzt, spielt die Bedeutung dieser Frau herunter.

Röm 16,1	Ich empfehle euch unsere Schwester Phöbe, die **Diakonin** der Gemeinde von Kenchreä.[, ...]	
Röm 16,2	Nehmt sie auf im Herrn, wie es sich für die Heiligen geziemt, und steht ihr bei, wo immer sie eure Hilfe braucht. Denn sie *hat sich ihrerseits für viele eingesetzt, auch für mich* persönlich.	... damit ihr sie aufnehmt im Höchsten, wie es sich für die Heiligen gehört, und ihr zur Verfügung steht, überall dort, wo sie euch für eine Aufgabe braucht. Denn sie **ist zu einer Beschützerin von vielen geworden, auch von mir** persönlich.

2.1.5 Junia

Glücklicherweise korrigiert die NZB den Übersetzungsfehler der alten Zürcher Bibel, die den Frauennamen *Junia* als Männernamen *Junias* wiedergab, obwohl dieser Name für Männer im antiken Rom absolut unbekannt war.

Röm 16,7	Grüsst Andronikus und **Junia**, meine Landsleute, die meine Gefangenschaft geteilt haben. Sie sind angesehen unter den Aposteln und haben schon vor mir zu Christus gehört.

2.1.6 Die Frau, die Jesu Mutter seligpreist

In der kurzen Perikope Lk 11,27f preist eine namenlose Frau die Mutter von Jesus selig. Jesu Antwort preist diejenigen selig, die das Wort Gottes hören und bewahren. Der Anschluss seiner Antwort kann unterschiedlich übersetzt werden. Die NZB versteht die Antwort als Widerspruch: *Selig sind vielmehr ...* Die griechische Wortwahl kann aber auch Zustimmung bedeuten: *Ja, doch selig sind ...* Seine Mutter ist tatsächlich zu rühmen – aber nicht als seine Mutter, sondern weil sie Gottes Wort hört und bewahrt und tut (vgl.

Lk 2,19; 8,21). Dieses Motiv verschafft der Frau Wert und Würde jenseits ihrer Mutterrolle. Das ist es auch wert, im Titel hervorgehoben zu werden.

Lk 11,27f	Und es geschah, als er das sagte, dass eine Frau aus der Menge ihre Stimme erhob und zu ihm sagte: Selig der Schoss, der dich getragen hat, und die Brüste, an denen du gesogen hast. Er aber sprach: *Selig vielmehr*, die das Wort Gottes hören und bewahren.	Und es geschah, als er das sagte, dass eine Frau aus der Menge ihre Stimme erhob und zu ihm sagte: Selig der Schoss, der dich getragen hat, und die Brüste, an denen du gesogen hast. Er aber sprach: **Ja, doch selig sind** die das Wort Gottes hören und bewahren.
Ü Lk 11,27	*Zweierlei Seligpreisungen*	**Seligpreisung der Mutter Jesu**

2.2 WEIBLICHE KÖRPERLICHKEIT

Geht es in biblischen Texten um den weiblichen Körper und um Sexualität, schleichen sich in der Übersetzung gerne Begriffe ein, die in der heutigen Umgangssprache kaum verständlich sind (*er erkannte sie*) oder die in eine sexistische Richtung weisen – so z. B., wenn eine Frau über ihre sexuelle Unberührtheit definiert wird (*Jungfrau*). Umgekehrt werden bestimmte, sexuell konnotierte Begriffe gemieden (*stöhnen*). Wir versuchen, mit dem Thema unverkrampft umzugehen, meiden aber frauenverachtende Wendungen.

2.2.1 *Junge Frau statt Jungfrau*

Die griechischen Begriffe παρθένος *parthenos* und παρθενία *parthenia* können zwar auf die sexuelle Unberührtheit einer Frau oder eines Mannes anspielen, bezeichnen aber auch ganz allgemein deren unverheiratete Situation bzw. ihre Jugendlichkeit (so auch die NZB bei der Übersetzung von 1Kor 7).

Die deutschen Begriffe *Jungfräulichkeit* und *Jungfrau* betonen einseitig die sexuelle Unberührtheit und damit den patriarchalen Besitzanspruch auf die Frau. Wir meinen, dass in den neutestamentlichen Texten, die diese Begriffe verwenden, weniger die «Unberührtheit» der Frau im Zentrum steht als ihr lediger Status bzw. ihre Jugend. Dass in Mt 1,23 auch auf die sexuelle Unberührtheit Marias angespielt wird (vgl. Mt 1,25), ist allerdings nicht von der Hand zu weisen.[22] Doch geht es Matthäus wie Lukas in erster Linie nicht um die Unberührtheit Marias, sondern darum, dass Jesus aus Gottes Geistkraft gezeugt und geboren wird.

Das Gleichnis in Mt 25 nimmt Bezug auf einen Hochzeitsbrauch, in dem der Bräutigam von einer Schar junger, unverheirateter Frauen feierlich zum Hochzeitsfest geleitet wird. In einigen Gegenden ist der Brauch der *Brautjungfern*, die die Braut begleiten, auch heute noch bekannt.

Apg 21,9 thematisiert nicht die Jungfräulichkeit der Töchter von Philippus, sondern betont, dass sie Prophetinnen sind (s. o. Abschnitt 2.1.2)! Das Adjektiv *jungfräulich* in Offb 14,4 (hier in Bezug auf Männer) ersetzen wir dem Kontext entsprechend durch *unberührt* (zu dieser Stelle siehe ausserdem Abschnitt 6.1.2).

Mt 1,23	Siehe, die *Jungfrau* wird schwanger werden und einen Sohn gebären …	Siehe, die **junge Frau** wird schwanger werden und einen Sohn gebären …
Mt 25,1	Dann wird es mit dem Himmelreich sein, wie mit zehn *Jungfrauen*, die ihre Lampen nahmen und hinausgingen, den Bräutigam zu empfangen.	Dann wird es mit dem Himmelreich sein, wie mit zehn **Brautjungfern**, die ihre Lampen nahmen und hinausgingen, den Bräutigam zu empfangen.
Lk 1,26f	Im sechsten Monat aber wurde der Engel Gabriel von Gott in eine Stadt in Galiläa mit Namen Nazaret gesandt, zu einer *Jungfrau*, die verlobt war mit einem Mann aus dem Hause Davids mit Namen Josef, und der Name der *Jungfrau* war Maria.	Im sechsten Monat aber wurde der Engel Gabriel von Gott in eine Stadt in Galiläa mit Namen Nazaret gesandt, zu einer **jungen Frau**, die verlobt war mit einem Mann aus dem Hause Davids mit Namen Josef, und der Name der **jungen Frau** war Maria.

[22] Der in Mt 1,25 zitierte hebräische Text (Jes 7,14) spricht seinerseits von einer *jungen Frau*; erst die griechische Übersetzung mit παρθένος parthenos führt die Konnotation *Jungfrau* ein. Trotz der Jungfräulichkeit Marias kommt Josef eine gewichtige Rolle zu, da über ihn der Stammbaum Jesu auf David zurückführt (Mt 1,1ff). Vgl. die ähnliche Ausrichtung bei Lukas, der die Geschichte allerdings stärker in der Schwebe hält (Lk 1,26f.34; 3,23–38).

Lk 2,36	*Nach ihrer Zeit als Jungfrau war sie* sieben Jahre *verheiratet* ...	**Sie hatte** sieben Jahre **mit ihrem Mann gelebt,**[23] **nachdem sie geheiratet hatte** ...
Apg 21,9	Dieser hatte vier Töchter, *prophetisch begabte Jungfrauen.*	Dieser hatte vier **heiratsfähige** Töchter, **die Prophetinnen waren.**
1Kor 7,25	Was aber die **unverheirateten jungen Frauen** betrifft, so habe ich keine Weisung des Herrn [des Höchsten].	
1Kor 7,28	Wenn du aber doch heiratest, sündigst du nicht [verirrst du dich nicht], und wenn die **unverheiratete junge Frau** heiratet, sündigt sie nicht [verirrt sie sich nicht].	
1Kor 7,34	Und die **unverheiratete Frau**, ob alt oder jung, kümmert sich um die Dinge des Herrn [des Höchsten], um heilig zu sein an Körper und Geist. Die verheiratete Frau aber kümmert sich um die Dinge der Welt, sie sorgt sich, wie sie ihrem Mann gefalle.	
1Kor 7,36–38	**36** Wenn aber einer meint, sich seiner **Verlobten** gegenüber ungehörig zu verhalten, wenn sie schon in der Zeit der Reife ist und geschehen soll, was geschehen muss, dann soll er es tun; er sündigt nicht [verirrt sich nicht], sie sollen heiraten. **37** Wer aber in seinem Herzen gefestigt ist und sich nicht in einer Zwangslage befindet, sondern Gewalt [Vollmacht] hat über seinen Willen und in seinem Herzen zum Entschluss gekommen ist, seine **Verlobte** so zu bewahren, wie sie ist, der handelt gut. **38** So gilt: Wer seine **Verlobte** heiratet, handelt gut, und wer sie nicht heiratet, handelt besser.	
2Kor 11,2	Denn mit einem einzigen Mann habe ich euch zusammengebracht, um euch ihm, dem Christus, als reine *Jungfrau* zuzuführen.	Denn mit einem einzigen Mann habe ich euch zusammengebracht, um euch ihm, dem Christus, als reine **junge Frau** zuzuführen.

[23] So die wörtliche Übersetzung aus dem Griechischen.

Offb 14,4	Es sind die, die sich nicht mit Frauen befleckt haben; *jungfräulich* sind sie geblieben.	Es sind die, die sich nicht im Verkehr mit Frauen befleckt haben; **unberührt** sind sie geblieben.

2.2.2 Menstruation

In Mk 5,25ff (vgl. Lk 8,43ff; Mt 9,20ff) wird die Geschichte einer Frau erzählt, die den *Blutfluss* hat (so wörtlich das Griechische: *Fluss von Blut*). Gemeint ist nicht etwa eine Bluterkrankheit (die nur bei Männern ausbricht), sondern eine nicht zu stoppende Menstruationsblutung. Es handelt sich um eine auszehrende Krankheit, die die Frau aus der Gesellschaft ausgrenzt und einsam macht.[24] Die NZB hat unseren Vorschlag, statt mit *Blutfluss* mit *Blutungen* zu übersetzen, übernommen. Der Begriff *Blutungen* ist auch heute für unregelmässige Menstruationsblutungen gebräuchlich. Die Ergänzung, dass es sich um *ununterbrochene* Blutungen handelte, macht die Krankheit verständlich.

Mt 9,20	Und da war eine Frau, die seit zwölf Jahren an **Blutungen** litt …
Mk 5,25	Und da war eine Frau, die hatte seit zwölf Jahren [**ununterbrochen] Blutungen** …
Mk 5,29	Und sogleich versiegte die Quelle **ihrer Blutungen** …

2.2.3 Geburt

An zahlreichen Stellen im Neuen Testament treffen wir auf die Metapher der Geburt. Das Johannesevangelium spricht davon, dass der Mensch von neuem bzw. von oben geboren werden muss (Joh 3) oder dass die Freude nach der schmerzvollen Geburt gross ist (Joh 16,21), Paulus beschreibt Geburtswehen der Schöpfung (Röm 8). Bereits im Alten Testament (etwa bei Jesaja[25]) dient die Geburt als bedeutsames Sprachbild zur Formulierung theologischer Aus-

---

[24] Das Menstruationsblut gilt nach Lev 15,19–24 als unrein. Die Frau zieht sich sieben Tage lang vom gesellschaftlichen Leben zurück. Bei ununterbrochener Menstruation führt dies zu radikaler Ausgrenzung (Lev 15,25f).

[25] Z. B. Jes 7,14; 37,3; 42,14.

sagen. Es ist uns wichtig, dieses Bild in seiner ganz konkreten Gestalt in unsere Sprache zu übersetzen. So präzisieren wir die *Wehen* als *Geburtswehen*. Eine Frau, die gebiert, *stöhnt* unter den Geburtswehen. Der Begriff *seufzen*, mit dem die NZB in Röm 8 übersetzt, entspricht nicht der Situation. Es geht nicht um die Äusserung von Resignation, Unmut oder Sorge, wie es *seufzen* nahelegt, sondern um ein *Stöhnen* unter Kraftanstrengung (vgl. z. B. 2Kor 5,4), um den Ausdruck grosser Schmerzen. Die Bedeutung des griechischen Wortes στενάζω *stenazō* ist deutlich: Wer *stöhnt*, stellt sich einer intensiven, belastenden Situation (so auch Jesus in Mk 7,33f) – eine Dimension, die im Begriff *seufzen* verloren geht.

Wie unterschiedlich sind doch die Bilder, die in uns auftauchen, wenn es heisst, dass die *Schöpfung in Wehen seufzt*, oder wenn wir lesen: *Die Schöpfung stöhnt in Geburtswehen* (Röm 8).

Mk 7,33f	Und er nahm ihn beiseite, weg aus dem Gedränge, legte die Finger in seine Ohren und berührte seine Zunge mit Speichel, blickte auf zum Himmel und *seufzte*, und er sagt zu ihm: Effata! Das heisst: Tu dich auf!	Und er nahm ihn beiseite, weg aus dem Gedränge, legte die Finger in seine Ohren und berührte seine Zunge mit Speichel, blickte auf zum Himmel und **stöhnte**, und er sagt zu ihm: Effata! Das heisst: Tu dich auf!
Mk 13,8	Das ist der Anfang der *Wehen*.	Das ist der Anfang der **Geburtswehen**.
Apg 7,34	Hingeschaut habe ich und gesehen, wie mein Volk in Ägypten unterdrückt wird, und gehört habe ich ihr *Seufzen*.	Hingeschaut habe ich und gesehen, wie mein Volk in Ägypten unterdrückt wird, und gehört habe ich ihr **Stöhnen**.
Ü Röm 8,18	Das *Seufzen* der Schöpfung	Die **Geburtswehen** der Schöpfung
Röm 8,22	Denn wir wissen, dass die ganze Schöpfung *seufzt* und *in Wehen liegt*, bis zum heutigen Tag.	Denn wir wissen: Die ganze Schöpfung **stöhnt mit** und **liegt in Geburtswehen**, bis zum heutigen Tag.

Röm 8,23	… auch wir *seufzen* miteinander und warten auf unsere Anerkennung als Söhne und Töchter, auf die Erlösung unseres Leibes.	… auch wir **stöhnen** miteinander und warten auf unsere Anerkennung als Söhne und Töchter, auf die Erlösung unseres Leibes.
2Kor 5,2	Und darum *seufzen* wir ja auch, weil wir uns danach sehnen, mit unserer himmlischen Behausung bekleidet zu werden …	Und darum **stöhnen** wir ja auch, weil wir uns danach sehnen, mit unserer himmlischen Behausung bekleidet zu werden …
2Kor 5,4	Denn solange wir noch im Zelt sind, *seufzen* wir wie unter einer schweren Last …	Denn solange wir noch im Zelt sind, **stöhnen** wir wie unter einer schweren Last …

Das Verb γεννάω *gennaō* kann sowohl *zeugen* als auch *gebären* bzw. im Passiv *gezeugt werden* und *geboren werden* bedeuten. Im Johannesevangelium gibt die NZB das Verb konsequent mit der Bedeutung *geboren werden* wieder ausser in Joh 1,13. Wir plädieren dafür, auch hier von *geboren werden* zu sprechen, da so insbesondere die Korrespondenz mit Joh 3,3ff hervorgehoben wird. Ebenfalls ersetzen wir in Gal 4 *zeugen* durch *gebären*, stellt doch Paulus die beiden *Mütter* von Isaak einander gegenüber.

Es kann auch von *geboren werden* die Rede sein, wenn die göttliche Herkunft gemeint ist (Beispiele aus 1Joh): Damit werden die mütterlichen Attribute Gottes unterstrichen (vgl. Jes 66,13).

Joh 1,13	… die nicht aus Blut, nicht aus dem Wollen des Fleisches und nicht aus dem Wollen des Mannes, sondern aus Gott *gezeugt* sind.	… die nicht aus Blut, nicht aus dem Wollen des Körpers und nicht aus dem Wollen des Mannes, sondern aus Gott **geboren** sind.
Joh 3,3	Wer nicht von oben **geboren** wird, kann das Reich Gottes nicht sehen.	
Gal 4,23	Der von der Magd aber ist auf natürliche Weise *gezeugt* worden …	Der von der Dienerin aber ist nach den Massstäben der Welt **geboren** worden …

Gal 4,24	Dies verweist auf etwas anderes: Die beiden Frauen bedeuten zwei Bundesschlüsse, die eine den vom Berg Sinai, der Nachkommen für die Sklaverei *hervorbringt* – das ist Hagar.	Dies verweist auf etwas anderes: Die beiden Frauen bedeuten zwei Bundesschlüsse, die eine den vom Berg Sinai, der Nachkommen für die Sklaverei **gebiert** – das ist Hagar.
Gal 4,29	Doch wie damals der nach dem Fleisch *Gezeugte* den nach dem Geist *Gezeugten* verfolgte, so ist es auch jetzt.	Doch wie damals der nach den Massstäben der Welt **Geborene** den nach der Geistkraft **Geborenen** verfolgte, so ist es auch jetzt.
1Joh 2,29	Wenn ihr wisst, dass er gerecht ist, erkennt ihr auch, dass jeder, der tut, was der Gerechtigkeit entspricht, aus ihm *gezeugt* ist.	Wenn ihr wisst, dass er gerecht ist, erkennt ihr auch, dass alle, die tun, was der Gerechtigkeit entspricht, aus ihm **geboren** sind.
1Joh 3,9	Jeder, der aus Gott *gezeugt* ist, tut nicht, was Sünde ist, denn sein Same bleibt in ihm; und er kann nicht sündigen, weil er aus Gott *gezeugt* ist.	Alle, die aus Gott **geboren** sind, verirren sich nicht, denn sein Same bleibt in ihnen; und sie können sich nicht verirren, weil sie aus Gott **geboren** sind.
1Joh 4,7	… und jeder, der liebt, ist aus Gott *gezeugt*, und er erkennt Gott.	… und alle, die lieben, sind aus Gott **geboren**, und sie erkennen Gott.

2.2.4 Liebesakt

Die aus dem Griechischen wörtlich übernommene Umschreibung des Geschlechtsakts mit *er erkannte sie* ist zwar ein hübsches Bildwort – ist doch die sexuelle Vereinigung mit einem Sich-Kennenlernen verbunden –, doch ist das Bild in der heutigen Umgangssprache nicht verständlich. In unserer Sprache dominieren andere Wendungen wie *miteinander schlafen*. Die verneinte Formulierung in Mt 1,25 könnte zudem dahingehend missverstanden werden, dass sich Josef von Maria distanziert.

Mt 1,25	Er *erkannte sie* aber nicht, bis sie einen Sohn geboren hatte; und er gab ihm den Namen Jesus.	Er **schlief** aber nicht **mit ihr**, bis sie einen Sohn geboren hatte; und er gab ihm den Namen Jesus.

2.2.5 Weibliche Würde

Das Sich-Schmücken ist an sich etwas Schönes. Problematisch allerdings ist, dass in 1Kor 11,14f das lange Haar der Frau als *Zierde* verstanden wird, während der zugrunde liegende griechische Begriff δόξα *doxa* an allen andern Stellen mit *Ruhm, Ehre, Glanz* bzw. *Herrlichkeit* übersetzt wird (s. u. Abschnitt 3.2.3). Unklar ist ausserdem, ob diese Stelle als rhetorische Frage oder nicht vielmehr als negative Aussage zu verstehen sei. Auch in Offb 19,7f wird die Vorbereitung (so das griechische Wort: ἑτοιμάζω *hetoimazō*) einer Frau auf das *Sich-schön-Machen* reduziert, so dass andere Aspekte ausgeblendet werden. Die NZB übersetzt den Begriff ἑτοιμάζω *hetoimazō* an anderen Stellen mit *bereiten* (vgl. Mt 3,3: *Bereitet den Weg des Herrn ...*).

1Kor 11,14f	Lehrt euch nicht die Natur selbst, dass es für den Mann eine Schande, für die Frau aber eine *Zierde* ist, langes Haar zu haben?	Die Natur selbst lehrt euch nicht, dass es für den Mann eine Schande, für die Frau aber eine **Ehre** ist, langes Haar zu haben.
Offb 19,7f	Denn gekommen ist die Hochzeit des Lammes, und seine Braut hat sich *schön gemacht*. ... Und sie durfte sich kleiden in leuchtend weisses, reines Leinen ...	Denn gekommen ist die Hochzeit des Lammes, und seine Braut hat sich **bereit gemacht**. ... Und es wurde ihr gegeben, leuchtend weisses, reines Leinen zu tragen ...

50

3. Männerwelten nicht überbewerten

Wie bereits mehrmals erwähnt, ist die Bibel in einem androzentrischen Kontext entstanden. Die frauenverachtende Ausrichtung gewisser Aussagen und Textabschnitte lässt sich denn auch nicht einfach durch eine elegante Übersetzung beseitigen, vielmehr werden die heutige Leserin und der heutige Leser bei solchen Textstellen dazu herausgefordert, am Bibeltext Kritik zu üben.

Umgekehrt erhalten aber auch viele Texte der Bibel allererst durch ihre Interpretation eine patriarchale Färbung. In diesen Fällen gilt es, den Text von Vereinnahmung zu befreien. Wir meinen, dass insbesondere der Begriff *Herr*, der in deutschen Bibelübersetzungen und in der althergebrachten Gottesdienstliturgie den Gottesnamen bzw. Hoheitstitel Jesu wiedergibt, die Glaubenden mit einem männlichen Gottesbild konfrontiert, das der Bibel so nicht entspricht.

3.1 HÖCHSTER STATT HERR

Ein Herr ist ein Mann – mehr nicht. Heute wird jeder Mann ohne den geringsten Anflug von Unterwürfigkeit mit «Herr» angeredet: «Herr Müller» und «Herr Meier». Einzig wenn in der dritten Person von einem *Herrn* gesprochen wird – «er war ein richtiger Herr» –, unterscheidet sich dieser vielleicht durch seine gepflegte Erscheinung oder guten Umgangsformen von einem beliebigen Mann.

Die ursprüngliche Bedeutung des Wortes *Herr* ist verblasst. Dass ein *Herr* einst über Güter und Untertanen verfügte, daran denken Herr Müller und Herr Meier nicht, wenn sie Herrenmode anprobieren. Allenfalls erinnern uns noch einzelne Wendungen wie z. B. *Herr sein über etwas* an diese vergangene Zeit.

Die NZB bezieht sich jedoch gerade auf diese alte Bedeutung des Wortes, wenn sie – wie die meisten anderen Bibelübersetzungen auch – den griechischen Begriff κύριος *kyrios* mit *Herr* wiedergibt. Κύριος *kyrios* bezeichnet im Griechischen eine bevollmächtigte, gebietende Person, eine höhergestellte Person, die über andere verfügen kann («*Hausherr*»). Das Neue Testament verwendet den Begriff einerseits für weltliche Haus- und Gutsbesitzer, die über Güter, Familienangehörige, Sklavinnen und Sklaven verfügen; häufig steht er als Ehrentitel auch in der Anrede (κύριε *kyrie*).[26] Über diesen Gebrauch hinaus dient der Begriff κύριος *kyrios* jedoch andererseits auch als Gottesname (zur Übersetzung des hebräischen Tetragramms) und insbesondere in der Briefliteratur als Hoheitstitel für Christus.

Die Übersetzung von κύριος *kyrios* mit *Herr* ist nicht nur aus feministischer Perspektive höchst problematisch, denn der Begriff *Herr* ist in der modernen Alltagssprache kein Ehrentitel mehr, sondern bezeichnet eine beliebige Person unter Betonung ihres männlichen Geschlechts. Die Übersetzung mit *Herr* verbindet deshalb den Gottesnamen und den Hoheitstitel Christi einseitig mit dem männlichen Geschlecht, was die Aussageabsicht des griechischen Begriffs κύριος *kyrios* verfälscht. Viele Frauen und auch Männer tun sich schwer mit dem Gottesnamen *Herr*. Es ist deshalb an der Zeit, für den Begriff κύριος *kyrios* eine adäquatere Übersetzung zu suchen.

Schwierig ist es allerdings, einen alternativen Begriff zu finden, der das vom griechischen κύριος *kyrios* bezeichnete Gefälle ausdrückt. Der Begriff *Höchster* gibt unseres Erachtens diese Vorrangstellung am treffendsten wieder, denn er bezeichnet eine Person, die über allen anderen steht. Obwohl auch dieser Begriff männlichen Geschlechts ist, thematisiert *Höchster* im Unterschied zu *Herr* das biologische Geschlecht nicht explizit (*Herr* vs. *Frau, Dame*), sondern betont die hierarchische Stufe (*hoch* vs. *niedrig*). *Höchster* ist ausserdem aus dem Alten Testament als Gottesname bekannt (vgl. z. B. Ps 46,5; 78,56), und auch im Neuen Testament ist an einzelnen Stellen vom *Höchsten* (ὕψιστος *hypsistos*) die Rede (z. B. Mk 5,7; Lk 1,32.35; Apg 7,48).

Indem wir bei der Übersetzung der beiden griechischen Begriffe κύριος *kyrios* und ὕψιστος *hypsistos* keinen Unterschied machen, nehmen wir allerdings eine gewisse Unschärfe in Kauf. Während der Begriff ὕψιστος *hypsistos* wie die deutsche Übersetzung *Höchster* die Position einer Person an der Spitze einer Pyramide oder Treppe betont, zielt der Begriff κύριος *kyrios* stärker auf die Verfügungsgewalt der höhergestellten Person. Wir erachten diese Unschärfe als kleineres Übel gegenüber dem androzentrischen Begriff *Herr*, der unseres Erachtens die Bedeutung des griechischen Begriffs κύριος *kyrios* viel stärker verfälscht.

Eine weitere Möglichkeit zur Wiedergabe von κύριος *kyrios* bietet die Beibehaltung des griechischen Wortes in lateinischen Buchstaben: *Kyrios*. Das Wort ist aus der Liturgie bekannt (*Kyrie eleison*), allerdings fehlt ein

---

[26] In der Anrede signalisiert das griechische κύριε *kyrie*, anders als der heutige, umgangssprachliche Begriff *Herr*, stets eine Unterordnung gegenüber dem Angesprochenen.

Bezug zu unserer Alltagssprache, so dass eine religiöse Fremdsprache entsteht – ein Nachteil gegenüber der Variante *Höchster.*

3.1.1 Der Gott Israels

In den Septuaginta-Handschriften[27] übersetzt das griechische Wort κύριος *kyrios* das hebräische Wort אדון *adōn*, das eine höhergestellte Person mit Verfügungsgewalt bezeichnet (z. B. Ps 12,5). So wird in 1Petr 3,6 auf Gen 18,12 angespielt und der im hebräischen Text verwendete Begriff אדון *adōn* mit κύριος *kyrios* wiedergegeben. Die von אדון *adōn* abgeleitete Gottesbezeichnung אדני *adōnāj* wird in der Septuaginta ebenfalls mit κύριος *kyrios* übersetzt (z. B. Gen 15,2; Ps 2,4).[28] Die christlichen Septuaginta-Handschriften verwenden κύριος *kyrios* ausserdem auch zur Wiedergabe des sogenannten Tetragramms יהוה *JHWH*, des Gottesnamens (vgl. Ex 3,14f).[29] Entsprechend steht in den neutestamentlichen Schriften, wenn sie das Alte Testament zitieren, κύριος *kyrios* für יהוה *JHWH*: Mk 1,3 (Jes 40,3); Lk 4,18 (Jes 61,1); Röm 10,13 (Joel 3,5); 1Kor 10,26 (Ps 24,1); Hebr 13,6 (Ps 118,6) und viele weitere Schriftzitate im Neuen Testament. Da sich die deutsche Übersetzung am griechischen Text des Neuen Testaments und nicht am zitierten Alten Testament in hebräischer Schrift orientiert, ist es sinnvoll, κύριος *kyrios* mit demselben Wort wie an anderen Stellen auch zu übersetzen, ohne den Bezug auf das Tetragramm deutlich zu machen. So gibt die NZB κύριος *kyrios* unterschiedslos mit *Herr* wieder, wir wählen entsprechend konsequent den Begriff *Höchster.*

Mk 12,36 zitiert Ps 110,1, einen Vers, in dem der griechische Begriff κύριος *kyrios* aufeinander folgend einmal den Gottesnamen יהוה *JHWH*, einmal das Wort אדון *adōn* zitiert. Wie die griechische verwendet auch die deutsche Übersetzung zweimal denselben Begriff (*Höchster*).

---

[27] Die Septuaginta (LXX) ist die griechische Übersetzung des Alten Testaments, die in den griechisch sprechenden urchristlichen Gemeinden in Gebrauch war und von den meisten neutestamentlichen Schriften zitiert wird.

[28] Das Wort אדני *adōnāj* wird im Judentum anstelle des unaussprechlichen Gottesnamens gesprochen.

[29] Die jüdischen Handschriften der Septuaginta schreiben das Tetragramm in hebräischen Buchstaben, oder sie benutzen eine griechische Umschrift: ΙΑΩ (hebräische Buchstaben übertragen in griechische), ΠΙΠΙ (hebräisches Schriftbild dargestellt in griechischen Buchstaben).

Mk 1,3 (Jes 40,3)	Bereitet den Weg des *Herrn*, macht gerade seine Strassen!	Bereitet den Weg des **Höchsten**, macht gerade seine Strassen!
Mk 12,35–37 (Ps 110,1)	**35** Warum sagen die Schriftgelehrten, der Messias sei Davids Sohn? **36** David selbst hat doch durch den heiligen Geist gesagt: Der *Herr* sprach zu meinem *Herrn*: Setze dich zu meiner Rechten, bis ich deine Feinde unter deine Füsse gelegt habe. **37** David selbst nennt ihn *Herr*, wie kann er da sein Sohn sein?	**35** Warum sagen die Schriftgelehrten, der Messias sei Davids Sohn? **36** David selbst hat doch durch die heilige Geistkraft gesagt: Der **Höchste** sprach zu meinem **Höchsten**: Setze dich zu meiner Rechten, bis ich deine Feinde zu deinen Füsse gelegt habe. **37** David selbst nennt ihn **Höchster**, wie kann er da sein Sohn sein?
Lk 4,18 (Jes 61,1)	Der Geist des *Herrn* ruht auf mir …	Die Geistkraft des **Höchsten** ruht auf mir …
Röm 10,13 (Joel 3,5)	Denn: Jeder, der den Namen des *Herrn* anruft, wird gerettet werden.	Denn: Alle, die den Namen des **Höchsten** anrufen, werden gerettet werden.
1Kor 10,26 (Ps 24,1)	Denn des *Herrn* ist die Erde und alles, was sie erfüllt.	Denn des **Höchsten** ist die Erde und alles, was sie erfüllt.
Hebr 13,6 (Ps 118,6)	So können wir getrost sagen: Der *Herr* ist mein Helfer, ich werde mich nicht fürchten …	So können wir getrost sagen: Der **Höchste** ist mein Helfer, ich werde mich nicht fürchten …
1Petr 3,5f (Gen 18,12)	Denn so haben sich einst auch die heiligen Frauen geschmückt, die auf Gott hofften: Sie ordneten sich ihren Männern unter, wie Sara Abraham gehorchte und ihn «*Herr*» nannte.	Denn so haben sich einst auch die heiligen Frauen geschmückt, die auf Gott hofften: Sie ordneten sich den eigenen Männern unter, wie Sara Abraham gehorchte und ihn «**Höchster**» nannte.

3.1.2 Jesus Christus

Insbesondere in den Briefen, aber auch in den Evangelien (v. a. bei Lk) begegnet uns κύριος *kyrios* als Hoheitstitel für Jesus Christus. Der Titel hebt Jesus von den Menschen ab und kennzeichnet ihn als den Auferstandenen, den Erhöhten und den Wiederkommenden.

An vielen Stellen bezeichnet κύριος *kyrios* Gott selbst (z. B. Offb 1,8), an einigen bleibt offen, ob Jesus oder Gott gemeint ist (z. B. Apg 9,31; 1Kor 4,19; 7,17).

Aus der Wendung *Herr Jesus Christus* wird in unserer Übersetzung *Höchster Jesus Christus* (1Petr 1,3), aus dem *Mahl des Herrn* wird *das Mahl des Höchsten* (1Kor 11,20), und die *Herrlichkeit des Herrn* wird zum *Glanz des Höchsten* (2Kor 3,18).

Lk 2,11	Euch wurde heute der Retter geboren, der Gesalbte, der *Herr*, in der Stadt Davids.	Euch wurde heute der Retter geboren, der Gesalbte, der **Höchste**, in der Stadt Davids.
Lk 7,13	Und als der *Herr* sie sah, hatte er Mitleid mit ihr und sagte zu ihr: Weine nicht!	Und als der **Höchste** sie sah, hatte er Mitleid mit ihr und sagte zu ihr: Weine nicht!
Lk 10,1	Danach bestimmte der *Herr* weitere zweiundsiebzig und sandte sie zu zweien vor sich her …	Danach bestimmte der **Höchste** weitere zweiundsiebzig und sandte sie zu zweien vor sich her …
Lk 24,34	Der *Herr* ist tatsächlich auferweckt worden und dem Simon erschienen.	Der **Höchste** ist tatsächlich auferweckt worden und dem Simon erschienen.
Joh 20,25	Da sagten die anderen Jünger zu ihm: Wir haben den *Herrn* gesehen.	Da sagten die anderen Jüngerinnen und Jünger zu ihm: Wir haben den **Höchsten** gesehen.
Apg 5,14	Immer neue, die an den *Herrn* glaubten, wurden der Gemeinde zugeführt, Scharen von Männern und Frauen.	Immer neue, die an den **Höchsten** glaubten, wurden der Gemeinde zugeführt, Scharen von Männern und Frauen.

Apg 9,31	Die Kirche hatte nun Frieden in ganz Judäa und Galiläa und Samaria; sie wurde auferbaut und ging ihren Weg in der Furcht des *Herrn*; und sie wuchs durch den Beistand des heiligen Geistes.	Die Kirche hatte nun Frieden in ganz Judäa und Galiläa und Samaria; sie wurde auferbaut und ging ihren Weg in der Furcht des **Höchsten**; und sie wuchs durch den Beistand der heiligen Geistkraft.
Röm 10,9	Denn wenn du mit deinem Mund bekennst, dass Jesus der *Herr* ist, und in deinem Herzen glaubst, dass Gott ihn von den Toten auferweckt hat, wirst du gerettet werden.	Denn wenn du mit deinem Mund bekennst, dass Jesus der **Höchste** ist, und in deinem Herzen glaubst, dass Gott ihn von den Toten auferweckt hat, wirst du gerettet werden.
Röm 10,12f	Es ist ja kein Unterschied zwischen Juden und Griechen, denn sie haben alle ein und denselben *Herrn*, der alle reich macht, die ihn anrufen. Denn: Jeder, der den Namen des *Herrn* anruft, wird gerettet werden.	Es ist ja kein Unterschied zwischen jüdischer und griechischer Herkunft, denn ein und derselbe ist der **Höchste** von allen; reich macht er alle, die ihn anrufen. Denn: Alle, die den Namen des **Höchsten** anrufen, werden gerettet werden.
Röm 12,11	In der Hingabe zögern wir nicht, im Geist brennen wir, dem *Herrn* dienen wir.	In der Hingabe zögern wir nicht, in der Geistkraft brennen wir, dem **Höchsten** dienen wir.
1Kor 4,5	Darum urteilt nicht vor der Zeit, nicht bevor der *Herr* kommt!	Darum urteilt nicht vor der Zeit, nicht bevor der **Höchste** kommt!
1Kor 4,19	Ich werde aber zu euch kommen, in Kürze, wenn der *Herr* es will …	Ich werde aber zu euch kommen, in Kürze, wenn der **Höchste** es will …
1Kor 7,17	Ein jeder führe sein Leben so, wie es der *Herr* ihm zugeteilt, wie Gott ihn berufen hat.	Alle sollen ihr Leben so führen, wie es der **Höchste** ihnen zugeteilt, wie Gott sie berufen hat.

1Kor 11,11	Doch im *Herrn* ist weder die Frau etwas ohne den Mann noch ist der Mann etwas ohne die Frau.	Doch im **Höchsten** ist weder die Frau etwas ohne den Mann noch ist der Mann etwas ohne die Frau.
1Kor 11,20	So aber, wie ihr nun zusammenkommt, ist das Essen gar kein *Mahl des Herrn.*	So aber, wie ihr nun zusammenkommt, ist das Essen gar kein **Mahl des Höchsten.**
2Kor 3,18	Wir alle aber schauen mit aufgedecktem Antlitz *die Herrlichkeit des Herrn* wie in einem Spiegel und werden so verwandelt in die Gestalt, die er schon hat, von Herrlichkeit zu Herrlichkeit, wie der *Herr* des Geistes es wirkt.	Wir alle aber schauen mit aufgedecktem Angesicht **den Glanz des Höchsten** wie in einem Spiegel und werden so verwandelt in die Gestalt, die er schon hat, von Glanz zu Glanz, wie der **Höchste** der Geistkraft es wirkt.
2Kor 4,5	Denn nicht uns selbst verkündigen wir, sondern Jesus Christus als den *Herrn*, uns selbst aber als eure Knechte, um Jesu willen.	Denn nicht uns selbst verkündigen wir, sondern Jesus Christus als den **Höchsten**, uns selbst aber als eure Dienerinnen und Diener, um Jesu willen.
Phil 4,5	Lasst alle Menschen eure Freundlichkeit spüren. Der *Herr* ist nahe.	Lasst alle Menschen eure Freundlichkeit spüren. Der **Höchste** ist nahe.
Hebr 8,2	… am wahren Zelt, das der *Herr* aufgeschlagen hat und nicht ein Mensch.	… am wahren Zelt, das der **Höchste** aufgeschlagen hat und nicht ein Mensch.
Jak 4,10	Erniedrigt euch vor dem *Herrn*, und er wird euch erhöhen.	Macht euch niedrig vor dem **Höchsten**, und er wird euch erhöhen.
1Petr 1,3	Gepriesen sei der Gott und Vater unseres *Herrn Jesus Christus*, der uns in seiner grossen Barmherzigkeit neu geboren hat …	Gepriesen sei der Gott und Vater unseres **Höchsten Jesus Christus**, der uns in seiner grossen Barmherzigkeit neu geboren hat …

Offb 1,8	Ich bin das A und das O, spricht Gott, der *Herr*, der ist und der war und der kommt, der Herrscher über das All.	Ich bin das A und das O, spricht Gott, der **Höchste**, der ist und der war und der kommt, der Macht hat über alles.
Offb 17,14	Sie werden Krieg führen gegen das Lamm, doch das Lamm wird sie besiegen, denn es ist *der Herr der Herren* ...	Sie werden Krieg führen gegen das Lamm, doch das Lamm wird sie besiegen, denn es ist **der Höchste der Höchsten**.

3.1.3 Höhergestellte Menschen

Das Matthäusevangelium verwendet den Begriff κύριος *kyrios* hauptsächlich zur Anrede Jesu (κύριε *kyrie*: Mt 8,2; Mt 15,22). Diese Anrede ist auch im profanen Kontext üblich (Mt 13,27; 21,40). Es ist uns durchaus bewusst, dass die konsequente Übersetzung eines Begriffs durch ein und dasselbe Wort nicht immer möglich ist, da ein Begriff je nach Kontext unterschiedliche Bedeutungen entfalten kann. Dass wir κύριος *kyrios* auch dort, wo eine profane, höhergestellte Person bezeichnet wird, mit *Höchster* übersetzen, mag irritieren. Wir wollen damit jedoch sicherstellen, dass der Bezug (bzw. der Kontrast), den das Neue Testament zwischen weltlicher und religiöser Autorität herstellt, nicht verwischt wird. Es geht also nicht darum, den Gutsbesitzer oder die Höhergestellte (2Joh 1,1.5) zu vergöttlichen, sondern umgekehrt – herrschaftskritisch – zu zeigen, dass Christus *der Höchste über die Höchsten* ist (s. o. Offb 17,14; vgl. 1Kor 8,5f).

Auch in Gleichnissen wird mit der Doppeldeutigkeit des Begriffs κύριος *kyrios* gespielt: Im *Höchsten*, der in der erzählten Episode auftritt, kann Gott bzw. Christus erkannt werden (vgl. Mt 13,27; 21,40).

Die beiden einzigen Stellen (2Joh 1,1.5), an denen die weibliche Form κυρία *kyria* im Neuen Testament steht, übersetzen wir entsprechend mit *Höchste* statt mit *Herrin*. Der Bezug zum Christustitel bleibt damit deutlich.

Mt 8,2	Und da kam ein Aussätziger auf ihn zu, warf sich vor ihm nieder und sagte: *Herr*, wenn du willst, kannst du mich rein machen!	Und da kam ein Aussätziger auf ihn zu, warf sich vor ihm nieder und sagte: **Höchster**, wenn du willst, kannst du mich rein machen!

Mt 13,27	Da kamen die Knechte zum Hausherrn und sagten: *Herr*, war es nicht guter Same, den du auf deinen Acker gesät hast?	Da kamen die Diener zum Hausvorstand und sagten: **Höchster**, war es nicht guter Same, den du auf deinen Acker gesät hast?
Mt 15,22	Und da kam eine kanaanäische Frau aus jenem Gebiet und schrie: Hab Erbarmen mit mir, *Herr*, Sohn Davids!	Und da kam eine kanaanäische Frau aus jenem Gebiet und schrie: Hab Erbarmen mit mir, **Höchster**, Sohn Davids!
Mt 21,40	Wenn nun der *Herr* des Weinbergs kommt, was wird er mit jenen Weinbauern machen?	Wenn nun der **Höchste** des Weinbergs kommt, was wird er mit jenen Weinbauern machen?
Mk 13,35	Seid also wachsam, denn ihr wisst nicht, wann der *Herr* des Hauses kommt …	Seid also wachsam, denn ihr wisst nicht, wann der **Höchste** des Hauses kommt …
Lk 16,13	Kein Knecht kann zwei *Herren* dienen.	Kein Hausdiener und keine Hausdienerin kann zwei **Höchsten** dienen.
Joh 13,16; 15,20	Ein Knecht ist nicht grösser als sein *Herr* …	Ein Sklave ist nicht grösser als sein **Höchster** …
1Kor 8,5f	Auch wenn da vieles ist, was Gott genannt wird, sei es im Himmel, sei es auf der Erde, – es gibt ja viele Götter und viele *Herren* –, so gibt es für uns doch nur einen Gott, den Vater, von dem her alles ist und wir auf ihn hin, und einen *Herrn*, Jesus Christus, durch den alles ist und wir durch ihn.	Auch wenn da vieles ist, was Gott genannt wird, sei es im Himmel, sei es auf der Erde, – es gibt ja viele Götter und viele **Höchste** –, so gibt es für uns doch nur einen Gott, den Vater, von dem her alles ist und wir auf ihn hin, und einen **Höchsten**, Jesus Christus, durch den alles ist und wir durch ihn.

2Joh 1,1	Der Älteste an die auser- wählte *Herrin* und ihre Kin- der …	Der Älteste an die auser- wählte **Höchste** und ihre Kinder …
2Joh 1,5	Und nun bitte ich dich, *Her- rin* …	Und nun bitte ich dich, **Höchste** …

3.1.4 Macht haben statt Herr sein

Die politisch unkorrekte Wendung *Herr sein über* ist ein Relikt aus einer Zeit, als nicht jeder Mann ein *Herr* war. In der heutigen Sprache leider immer noch in Gebrauch, ordnet sie die Privilegien der Macht einseitig dem männli- chen Geschlecht zu, das mit dem Begriff *Herr* konnotiert wird. Die NZB übersetzt mit der Wendung *Herr sein über* die wörtlich entsprechende, mit Genitiv konstruierte griechische Wendung κύριος εἰμί *kyrios eimi*. Wir for- mulieren auch hier mit *Höchster sein über* (Lk 6,5). Auch die zu κύριος *ky- rios* gehörenden Verben κυριεύω *kyrieuō* und κατακυριεύω *katakyrieuō* über- setzt die NZB an einigen Stellen mit der Wendung *Herr sein über*. In diesen Fällen ziehen wir – wie die NZB an anderen Stellen auch (Apg 19,16; Röm 6,9.14; 7,1) – eine Übersetzung vor, die die Ausübung von Macht in einem eigenen Verb ausdrückt: z. B. *Macht haben über, sich erheben über* (Röm 14,9; 2Kor 1,24; 1Petr 5,3).

Lk 6,5	Der Menschensohn *ist Herr über* den Sabbat.	**Höchster über** den Sabbat ist der Sohn des Menschen.
Apg 19,16	Und der Mensch, in dem der böse Geist sass, stürzte sich auf sie, **überwältigte** alle und richtete sie so zu, dass sie nackt und zerschunden aus jenem Haus flohen.	
Röm 6,9	Denn wir wissen, dass Christus, einmal von den Toten aufer- weckt, nicht mehr stirbt; der Tod **hat** keine **Macht** mehr **über** ihn.	
Röm 6,14	Die Sünde [Verirrung] wird keine **Macht über** euch **haben** …	
Röm 7,1	Wisst ihr denn nicht, liebe Brüder und Schwestern – ich spre- che doch zu solchen, die das Gesetz kennen –, dass das Gesetz nur **Macht hat über** den Menschen, solange er lebt?	
Röm 14,9	… dass er *Herr sei über* Tote und Lebende.	… dass er **Macht habe über** Tote und Lebende.

| 2Kor 1,24 | Es ist ja nicht so, dass wir *Herr sein* wollen über euren Glauben, nein, Mitarbeiter an eurer Freude sind wir … | Es ist ja nicht so, dass wir über euren Glauben **Macht haben** wollen, nein, Mitwirkende an eurer Freude sind wir … |
| 1Petr 5,3 | … *seid nicht Herren* über eure Schützlinge, sondern ein Vorbild für eure Herde! | … **erhebt euch nicht** über eure Schutzbefohlenen, sondern seid ein Vorbild für eure Herde! |

3.1.5 Gebieter

Auch das griechische Wort δεσπότης *despotēs* wird von der NZB oft mit *Herr* übersetzt (in Apg 4,24 mit *Herr unser Herrscher*). Der Begriff bezeichnet den *Hausvorstand*, aber auch den *unumschränkten Herrscher* (*Despoten*). Im Neuen Testament ist meist der Besitzer von Sklavinnen und Sklaven gemeint, gelegentlich dient der Begriff auch zur Anrede Gottes im Gebet.

Gegenüber der Übersetzung mit *Herr* gelten dieselben Vorbehalte wie beim Begriff κύριος *kyrios*. Wir übersetzen δεσπότης *despotēs* jedoch statt mit *Höchster* mit *Gebieter*, womit wir die in der griechischen Sprache gemachte Unterscheidung zu κύριος *kyrios* berücksichtigen. Dass in der Anrede der Begriff *Gebieter* für unsere Ohren provozierend klingt, ist uns bewusst.

Lk 2,29	Nun lässt du deinen Diener gehen, *Herr*, in Frieden, wie du gesagt hast …	Nun lässt du deinen Sklaven frei, **Gebieter**, in Frieden, wie du gesagt hast …
Apg 4,24	*Herr, unser Herrscher,* du hast den Himmel gemacht und die Erde und das Meer und alles, was darin ist …	**Gebieter**, du hast den Himmel gemacht und die Erde und das Meer und alles, was darin ist …
1Petr 2,18	Die Sklaven sollen sich voll Ehrfurcht ihren *Herren* unterordnen …	Die Bediensteten sollen sich in aller Ehrfurcht ihren **Gebietern und Gebieterinnen** unterordnen …
2Petr 2,1	… ja, sie verleugnen sogar den *Herrn*, der sie freigekauft hat.	… ja, sie verleugnen sogar den **Gebieter**, der sie freigekauft hat.

Offb 6,10	Und sie schrien mit lauter Stimme: Wie lange noch, *Herrscher*, Heiliger und Wahrhaftiger, zögerst du …	Und sie schrien mit lauter Stimme: Wie lange noch, **Gebieter**, Heiliger und Wahrhaftiger, zögerst du …

3.2 Glanz, Ruhm und Ehre statt Herrlichkeit

Wie das deutsche Wort *Herr* zur Übersetzung von κύριος *kyrios* so fordert auch das Wort *Herrlichkeit*, mit dem die NZB den griechischen Begriff δόξα *doxa* wiedergibt, die feministische Kritik heraus. Das Substantiv *Herrlichkeit* kommt in unserer Alltagssprache im Unterschied zum Adjektiv *herrlich* eher selten vor. Während letzteres etwas bezeichnet, das einen besonders wohltuenden Sinneseindruck hinterlässt (*eine herrliche Aussicht, herrliche Musik, ein herrlicher Tag usf.*), wird mit dem Substantiv *Herrlichkeit* eher Überfluss und Luxus oder Reichtum assoziiert. Dabei schwingt oft ein ironischer Unterton mit (*die ganze Herrlichkeit ist dahin; ist das die ganze Herrlichkeit?*). Auch Leckereien können als *Herrlichkeiten* bezeichnet werden.

Das griechische Wort δόξα *doxa* kommt im Neuen Testament über 150-mal vor, auch in der Wendung δόξα κυρίου *doxa kyriou* (z. B. 2Kor 3,18), die von der NZB mit *Herrlichkeit des Herrn* übersetzt wird. Die Leserin und der Leser stellen einen Zusammenhang her zwischen *Herr* und *Herr-lichkeit*, sie sehen die δόξα *doxa* Gottes in seinem *Herr*-Sein begründet. Die NZB verstärkt diesen Zusammenhang, da sie den Begriff *Herrlichkeit* für Gottes δόξα *doxa* reserviert, während sie die δόξα *doxa* in profanen Zusammenhängen mit anderen Wörtern wiedergibt (vgl. z. B. die *Herrlichkeit* Gottes in Offb 21,23 mit der *Pracht* der Könige in Offb 21,24 – und der *Zierde* der Frau in 1Kor 11,14f).

Das griechische Wort δόξα *doxa* zeigt weder etymologisch noch in der Bedeutung eine Nähe zu κύριος *kyrios*. Zum einen bedeutet es die *Meinung, die jemand hat (Vorstellung, Erwartung)*, zum andern *die Meinung, in der jemand bei andern steht (guter Ruf, Ruhm, Ehre, Glanz, Pracht)*. Die deutsche Übersetzung muss von Fall zu Fall entscheiden, welche Bedeutung bzw. welches deutsche Wort im jeweiligen Kontext am treffendsten ist. Das Wort *Herrlichkeit* ist für uns keine Option, denn zum einen ist die Assoziation mit dem Begriff *Herr* problematisch – Ruhm und Ehre werden zu männlichen Attributen – und zum andern beschreibt unsere Alltagssprache mit dem Begriff *Herrlichkeit* eine rein ästhetische Qualität.

3.2.1 Glanz statt Herrlichkeit

Das deutsche Wort *Glanz* trifft die Bedeutung von δόξα *doxa* an vielen Stellen des Neuen Testaments am besten. Es bezeichnet ausser visuellen Lichtreflexionen auch die Ausstrahlung von Ruhm, Grösse und Erhabenheit. Die NZB übersetzt δόξα *doxa* mit *Glanz*, wenn es sich um ein visuelles Lichtphänomen handelt (z. B. Lk 2,9; Apg 22,11; Offb 18,1), verwendet hingegen in der unmittelbaren Verbindung mit Gott *Herrlichkeit*, auch wenn im Kontext von Licht die Rede ist (vgl. Offb 21,23).

Der Übergang zu Stellen, in denen *Glanz* in übertragenem Sinn verwendet werden kann und dann eine besondere Ausstrahlung bzw. Grösse und Ehre bezeichnet, ist fliessend (2Kor 3,18). Aufgrund seiner doppelten Bedeutung stellt der Begriff *Glanz* eine hervorragende Übersetzungsalternative zum Begriff *Herrlichkeit* dar. In 2Kor 3,7–18, wo δόξα *doxa* als zentraler Begriff (13-mal) verschiedene Zusammenhänge zueinander in Beziehung setzt (die δόξα *doxa* auf Moses Gesicht und die δόξα *doxa* des Höchsten), kann der deutsche Begriff *Glanz* diese Bezüge hervorheben. Es leuchtet nicht ein, wieso die NZB mitten im Text von *Glanz* zu *Herrlichkeit* wechselt und eine Unterscheidung einführt, die der griechische Text nicht macht.

Im Johannesevangelium wird δόξα *doxa* in einem sehr engen Bezug zu Gott verwendet, fast synonym zu *Göttlichkeit*. Es ist deshalb an einzelnen Stellen sinnvoll, den *Glanz* als *göttlichen Glanz* zu präzisieren (Joh 1,14; 2,11).

Mk 10,37	Sie sagten zu ihm: Gewähre uns, dass wir einer zu deiner Rechten und einer zu deiner Linken sitzen werden in deiner *Herrlichkeit*.	Sie sagten zu ihm: Gewähre uns, dass wir einer zu deiner Rechten und einer zu deiner Linken sitzen werden in deinem **Glanz**.
Mk 13,26	Und dann werden sie den Menschensohn auf den Wolken kommen sehen mit grosser Macht und *Herrlichkeit*.	Und dann werden sie den Menschensohn auf den Wolken kommen sehen mit grosser Kraft und mit **Glanz**.
Lk 2,9	Und ein Engel des Herrn [Höchsten] trat zu ihnen, und **der Glanz** des Herrn [Höchsten] umleuchtete sie …	
Lk 9,26	… wenn er kommt in seiner *Herrlichkeit* und in der *Herrlichkeit* des Vaters und der heiligen Engel.	… wenn er kommt in seinem und des Vaters und der heiligen Engel **Glanz**.

Lk 24,26	Musste der Gesalbte nicht solches erleiden und so in seine *Herrlichkeit* eingehen?	Musste der Gesalbte nicht solches erleiden und so in seinen **Glanz** eingehen?
Joh 1,14	Und das Wort, der Logos, wurde Fleisch und wohnte unter uns, und wir schauten seine *Herrlichkeit*, eine *Herrlichkeit*, wie sie ein Einziggeborener vom Vater hat, voller Gnade und Wahrheit.	Und das Wort wurde Fleisch und Blut und wohnte unter uns, und wir schauten seinen **göttlichen Glanz**, einen **Glanz**, wie ihn ein Einziggeborener vom Vater hat, voller Zuwendung und Wahrheit.
Joh 2,11	… und er offenbarte seine *Herrlichkeit*, und seine Jünger glaubten an ihn.	… und er offenbarte seinen **göttlichen Glanz**, und seine Jüngerinnen und Jünger glaubten an ihn.
Joh 17,24	… damit sie meine *Herrlichkeit* schauen, die du mir gegeben hast …	… damit sie meinen **Glanz** schauen, den du mir gegeben hast …
Apg 22,11	Da ich, geblendet vom **Glanz** jenes Lichtes, nicht mehr sehen konnte …	
Röm 3,23	Alle haben ja gesündigt und die *Herrlichkeit* Gottes verspielt.	Alle haben sich ja verirrt und haben den **Glanz** Gottes verspielt.
2Kor 3,7–18	**7** Wenn nun schon der Dienst am Tod mit seinen in Stein gemeisselten Buchstaben einen solchen **Glanz** ausstrahlte, dass die Israeliten Mose nicht ins Antlitz zu sehen vermochten, weil auf seinem Gesicht ein **Glanz** lag, der doch vergänglich war, **8** wie sollte da der Dienst am Geist nicht erst recht seinen **Glanz** haben? **9** Denn wenn schon der Dienst, der zur Verurteilung führt, seinen **Glanz** hat, dann strahlt der Dienst, der zur	**7** Wenn nun schon die Unterstützung des Todes mit seinen in Stein gemeisselten Buchstaben einen solchen **Glanz** ausstrahlte, dass die Israelitinnen und Israeliten Mose nicht ins Angesicht zu sehen vermochten, weil auf seinem Gesicht ein **Glanz** lag, der doch vergänglich war, **8** wie sollte da die Unterstützung der Geistkraft nicht erst recht ihren **Glanz** haben? **9** Denn wenn schon die Unterstützung der Verurteilung ihren **Glanz** hat, dann

Gerechtigkeit führt, erst recht vor *Herrlichkeit*. **10** Eigentlich ist ja das, was dort als *Herrlichkeit* erschien, verglichen mit der alles übertreffenden *Herrlichkeit* noch gar keine *Herrlichkeit*. **11** Doch wenn schon, was vergeht, durch *Herrlichkeit* ausgezeichnet ist, dann erscheint, was bleibt, erst recht in *Herrlichkeit*. **12** Von solcher Hoffnung erfüllt, treten wir mit grossem Freimut auf, **13** nicht wie Mose, der sein Angesicht mit einer Decke verhüllen musste, damit die Israeliten nicht das Ende dessen sähen, was vergeht. **14** Aber auch ihr Sinn wurde verdunkelt. Denn bis zum heutigen Tag liegt dieselbe Decke auf dem alten Bund, wenn daraus vorgelesen wird, und sie wird nicht weggenommen, weil sie nur in Christus beseitigt wird. **15** Ja, bis heute liegt eine Decke auf ihrem Herzen, sooft aus Mose vorgelesen wird. **16** Sobald sie sich aber dem Herrn zuwenden, wird die Decke hinweggenommen. **17** Der Herr aber ist der Geist; und wo der Geist des Herrn ist, da ist Freiheit. **18** Wir alle aber schauen mit aufgedecktem Antlitz die *Herrlichkeit* des Herrn wie in einem Spiegel und werden so verwandelt

strahlt die Unterstützung der Gerechtigkeit erst recht vor **Glanz**. **10** Eigentlich ist ja das, was dort als **Glanz** erschien, verglichen mit dem alles übertreffenden **Glanz** noch gar kein **Glanz**. **11** Doch wenn schon, was vergeht, durch **Glanz** ausgezeichnet ist, dann erscheint, was bleibt, erst recht in **Glanz**. **12** Von solcher Hoffnung erfüllt, treten wir mit grossem Freimut auf, **13** nicht wie Mose, der sein Angesicht mit einer Decke verhüllen musste, damit die Israelitinnen und Israeliten nicht das Ende dessen sähen, was vergeht. **14** Aber auch ihr Sinn wurde verdunkelt. Denn bis zum heutigen Tag liegt dieselbe Decke auf dem alten Bund, wenn daraus vorgelesen wird, und sie wird nicht weggenommen, weil sie nur in Christus beseitigt wird. **15** Ja, bis heute liegt eine Decke auf ihrem Herzen, sooft aus Mose vorgelesen wird. **16** Sobald sie sich aber dem Höchsten zuwenden, wird die Decke hinweggenommen. **17** Der Höchste aber ist die Geistkraft; und wo die Geistkraft des Höchsten ist, da ist Freiheit. **18** Wir alle aber schauen mit aufgedecktem Angesicht den **Glanz** des Höchsten wie in einem Spiegel und werden so

	in die Gestalt, die er schon hat, von *Herrlichkeit* zu *Herrlichkeit*, wie der Herr des Geistes es wirkt.	verwandelt in die Gestalt, die er schon hat, von **Glanz** zu **Glanz**, wie der Höchste der Geistkraft es wirkt.
Offb 15,8	Und der Tempel füllte sich mit dem Rauch von Gottes *Herrlichkeit* und Macht …	Und der Tempel füllte sich mit dem Rauch von Gottes **Glanz** und Kraft …
Offb 18,1	Danach sah ich einen anderen Engel vom Himmel herabsteigen, der hatte grosse Macht, und die Erde wurde erleuchtet von seinem **Glanz**.	
Offb 21,23f	Und die Stadt bedarf nicht der Sonne noch des Mondes, dass sie ihr scheinen; denn die *Herrlichkeit* Gottes erleuchtete sie, und ihre Leuchte ist das Lamm. Und die Völker werden ihren Weg gehen in ihrem Licht, und die Könige der Erde tragen ihre Pracht zu ihr hin.	Und die Stadt bedarf nicht der Sonne noch des Mondes, dass sie ihr scheinen; denn der **Glanz** Gottes erleuchtete sie, und ihre Leuchte ist das Lamm. Und die Völker werden ihren Weg gehen in ihrem Licht, und die Könige und Königinnen der Erde tragen ihren Glanz zu ihr hin.

3.2.2 Glanz statt Pracht

Wenn sich der Begriff δόξα *doxa* im Neuen Testament auf irdische Macht und Erhabenheit bezieht, übersetzt die NZB mit *Pracht*, denn den Begriff *Herrlichkeit* reserviert sie für Gott (*Herr-lichkeit* und *Gött-lichkeit* treten so in einen unmittelbaren Bezug zueinander). Nicht das Wort *Pracht*, sondern seine selektive Verwendung ist störend. Da der griechische Text zwischen göttlicher und irdischer Pracht begrifflich nicht unterscheidet, übersetzen wir ebenfalls mit *Glanz*.

Mt 4,8	Wieder nimmt ihn der Teufel mit auf einen sehr hohen Berg und zeigt ihm alle Königreiche der Welt und ihre *Pracht*.	Wieder nimmt ihn der Teufel mit auf einen sehr hohen Berg und zeigt ihm alle Königreiche der Welt und ihren **Glanz**.
1Petr 1,24 (Jes 40,6)	Denn alles Fleisch ist wie das Gras, und all seine *Pracht* wie die Blume des Feldes.	Denn alles, was lebt, ist wie das Gras, und all sein **Glanz** wie die Blume des Feldes.

| Offb 21,23f | Und die Stadt bedarf nicht der Sonne noch des Mondes, dass sie ihr scheinen; denn die Herrlichkeit Gottes erleuchtete sie, und ihre Leuchte ist das Lamm. Und die Völker werden ihren Weg gehen in ihrem Licht, und die Könige der Erde tragen ihre *Pracht* zu ihr hin. | Und die Stadt bedarf nicht der Sonne noch des Mondes, dass sie ihr scheinen; denn der Glanz Gottes erleuchtete sie, und ihre Leuchte ist das Lamm. Und die Völker werden ihren Weg gehen in ihrem Licht, und die Könige und Königinnen der Erde tragen ihren **Glanz** zu ihr hin. |

3.2.3 Ruhm und Ehre

Im Deutschen werden die beiden Begriffe *Ruhm* und *Ehre* oft in einer Wendung genannt; sie sind praktisch gleichbedeutend und verstärken sich gegenseitig. Doch haben beide auch ihre je eigenen Aspekte: Während der Begriff *Ehre* eine Haltung des Respekts voraussetzt, also die Assoziation einer Geste der ehrenden gegenüber der geehrten Person hervorruft, betont der Begriff *Ruhm* Ausstrahlung und Wirkung, die von einer Person als Folge der ihr entgegengebrachten Ehre ausgehen. Sowohl *Ruhm* als auch *Ehre* eignen sich in bestimmten Kontexten zur Übersetzung von δόξα *doxa*. Während das von uns bevorzugte Wort *Glanz* sich mit der Bedeutung von *Ruhm* decken kann (*Ruhmesglanz*), artikuliert es den Aspekt der *Ehre* nur ungenügend. Wo dieser Aspekt überwiegt, übersetzen wir δόξα *doxa* mit *Ehre*.

Teilweise erzeugt der griechische Text durch das Aneinanderreihen von ähnlichen Begriffen einen verstärkenden Effekt (vgl. z. B. Mt 6,13; Röm 2,7.10; Offb 7,12). Dies erfordert eine flexible Wortwahl im Deutschen.

In 1Kor 11,14f geht es um die δόξα *doxa* der Frau. Die NZB übersetzt das Wort stark abschwächend mit *Zierde* und zementiert damit das Klischee, dass bei Frauen nur die äusserliche Schönheit Thema sein kann. Da der Begriff δόξα *doxa* in V 15 jedoch dem Begriff *Schande* in V 14 gegenübersteht, liegt die Bedeutung *Ruhm, Ehre* näher.[30]

| Fussnotentext zu Mt 6,13 | Denn dein ist das Reich und die Kraft und die *Herrlichkeit* in Ewigkeit. | Denn dein ist das Reich und die Kraft und die **Ehre** in Ewigkeit. |

[30] S. zu dieser Stelle bereits Abschnitt 2.2.5.

Röm 2,7	… denen, die im geduldigen Tun guter Werke *Herrlichkeit, Ehre* und Unvergänglichkeit suchen …	… denen, die im geduldigen Tun guter Werke **Ehre und Preis** und Unvergänglichkeit suchen …
Röm 2,10	*Herrlichkeit aber und Ehre* und Frieden einem jeden, der das Gute tut, dem Juden zuerst und auch dem Griechen.	**Aber Ehre und Preis** und Frieden allen, die das Gute tun, den Jüdinnen und Juden zuerst und auch den Griechinnen und Griechen.
Röm 8,18	Ich bin nämlich überzeugt, dass die Leiden der gegenwärtigen Zeit nichts bedeuten im Vergleich *zur Herrlichkeit,* die an uns offenbar werden soll.	Ich bin nämlich überzeugt, dass die Leiden der gegenwärtigen Zeit nichts bedeuten im Vergleich **zum Ruhm,** der an uns offenbar werden soll.
Röm 9,3f	Ja, ich wünschte, selber verflucht und von Christus getrennt zu sein, anstelle meiner Brüder, die zum gleichen Volk gehören, die Israeliten sind, die das Recht der Kindschaft und die *Herrlichkeit* und die Bundesschlüsse und die Gabe des Gesetzes und die Gottesdienstordnung und die Verheissungen haben …	Ja, ich wünschte, selber verflucht und von Christus getrennt zu sein, anstelle meiner Brüder und Schwestern, die zum gleichen Volk gehören, zu Israel, die das Recht der Kindschaft und die **Ehre** und die Bundesschlüsse und die Gabe des Gesetzes und die Gottesdienstordnung und die Verheissungen haben …
1Kor 2,7	Wir reden vielmehr von der Weisheit Gottes, der verborgenen, so wie man von einem Geheimnis redet; diese hat Gott vor aller Zeit zu unserer *Verherrlichung* bestimmt.	Wir reden vielmehr von der Weisheit Gottes, der verborgenen, so wie von einem Geheimnis geredet wird; diese hat Gott vor aller Zeit zu unserer **Ehre** bestimmt. *Var.:* … zu unserem **Ruhm** bestimmt.

1Kor 11,14f	Lehrt euch nicht die Natur selbst, dass es für den Mann eine Schande, für die Frau aber eine *Zierde* ist, langes Haar zu haben?	Die Natur selbst lehrt euch nicht, dass es für den Mann eine Schande, für die Frau aber eine **Ehre** ist, langes Haar zu haben.
Gal 1,5	Ihm sei **Ehre** in alle Ewigkeit. Amen	
Phil 4,20	Gott aber, unserem Vater, sei **Ehre** in alle Ewigkeit, Amen.	
1Petr 4,11	… damit in allen Dingen Gott verherrlicht werde durch Jesus Christus; ihm sei *die Herrlichkeit und die Herrschaft* in alle Ewigkeit, Amen.	… damit in allen Dingen Gott geehrt werde durch Jesus Christus; ihm sei **die Ehre und die Kraft** in alle Ewigkeit, Amen.
Offb 1,6	… ihm sei *die Herrlichkeit und die Herrschaft* in alle Ewigkeit, Amen.	… ihm sei **die Ehre und die Kraft** in alle Ewigkeit, Amen.
Offb 7,12	Amen: Lob, **Preis** und Weisheit, Dank und Ehre, Macht und Kraft [Kraft und Stärke] unserem Gott in Ewigkeit, Amen.	

3.2.4 Ehre und Glanz verleihen statt verherrlichen

Was zur *Herrlichkeit* notiert wurde, gilt ebenso für die Begriffe *verherrlichen, Verherrlichung* und *herrlich*. Das zum Substantiv δόξα *doxa* gehörende griechische Verb δοξάζω *doxazō* bedeutet *Glanz, Ruhm, Ehre verleihen*, die NZB übersetzt mit *preisen, loben, ehren*, aber auch – sobald es um den *göttlichen* Ruhm geht – mit *verherrlichen*. In der Alltagssprache bedeutet das Wort *Verherrlichung* eine masslose Verehrung, was nicht in der Stossrichtung des griechischen Verbs δοξάζω *doxazō* liegt. Wir geben die Bedeutung mit *ehren* wieder.

Bei Johannes liegt ein enger Bezug zwischen dem Substantiv δόξα *doxa* und dem Verb δοξάζω *doxazō* vor. Um diesen Bezug zu verdeutlichen, übersetzen wir hier mit *Glanz verleihen* und mit *Glanz erlangen*, Wendungen, die zwar verständlich, allerdings auch etwas gewöhnungsbedürftig sind. Doch machen gerade die sperrigen Formulierungen auf die besondere Bedeutung des Ausdrucks aufmerksam.

Auch das Adjektiv *herrlich* (ἔνδοξος *endoxos*) ersetzen wir, z. B. durch *glanzvoll* oder *angesehen* (Lk 13,17; vgl. 1Kor 4,10).

Lk 4,15	Und er lehrte in ihren Synagogen und wurde von allen **gepriesen**.	
Lk 13,17	Und alles Volk freute sich über all die *herrlichen* Taten, die durch ihn geschahen	Und alles Volk freute sich über all die **glanzvollen** Taten, die durch ihn geschahen.
Joh 8,54	Wenn ich mich selbst *verherrlichte*, wäre meine Herrlichkeit nichts. Mein Vater ist es, der mich *verherrlicht*, er, von dem ihr sagt: Er ist unser Gott.	Wenn ich mir selbst **Glanz verliehe**, wäre mein Glanz nichts. Mein Vater ist es, der mir **Glanz verleiht**, er, von dem ihr sagt: Er ist unser Gott.
Joh 11,4	Diese Krankheit führt nicht zum Tod, sondern dient der *Verherrlichung* Gottes; durch sie soll der Sohn Gottes *verherrlicht* werden.	Diese Krankheit führt nicht zum Tod, sondern dient dem **Glanz** Gottes; durch sie soll der Sohn Gottes **Glanz erlangen**.
Joh 12,16	… aber als Jesus *verherrlicht* worden war …	… aber als Jesus **Glanz verliehen** worden war …
Joh 12,23	Die Stunde ist gekommen, dass der Menschensohn *verherrlicht* werde.	Die Stunde ist gekommen, dass der Menschensohn **Glanz erlange**.
Joh 12,28	Vater, *verherrliche deinen* Namen. Da kam eine Stimme vom Himmel: Ich habe *verherrlicht* und ich werde von neuem *verherrlichen*.	Vater, **verleihe deinem** Namen **Glanz**! Da kam eine Stimme vom Himmel: Ich habe **Glanz verliehen** und ich werde von neuem **Glanz verleihen**.
Joh 13,31f	Jetzt wird der Menschensohn *verherrlicht*, und Gott wird *verherrlicht* in ihm. Wenn Gott in ihm *verherrlicht* wird, dann wird auch Gott ihn in sich *verherrlichen*, und er wird ihn bald *verherrlichen*.	Jetzt **erlangt** der Menschensohn **Glanz**, und Gott **erlangt Glanz** in ihm. Wenn Gott in ihm **Glanz erlangt**, so wird ihm auch Gott in sich **Glanz verleihen**, und er wird ihm bald **Glanz verleihen**.

Apg 3,13	Der Gott Abrahams, der Gott Isaaks und der Gott Jakobs, der Gott unserer Väter hat seinen Knecht Jesus *verherrlicht*, den ihr ausgeliefert und von dem ihr euch vor Pilatus losgesagt habt …	Der Gott Abrahams, der Gott Isaaks und der Gott Jakobs, der Gott unserer Vorfahren hat seinem Diener Jesus **Ehre verliehen**, den ihr ausgeliefert und von dem ihr euch vor Pilatus losgesagt habt …
Apg 4,21	… denn alle **priesen** Gott für das, was geschehen war.	
Röm 8,17	Sind wir aber Kinder, dann sind wir auch Erben: Erben Gottes, Miterben Christi, sofern wir mit ihm leiden, um so auch mit ihm *verherrlicht* zu werden.	Sind wir aber Kinder, dann sind wir auch Erben: Erben Gottes, Miterben Christi, sofern wir mit ihm leiden, um so auch mit ihm **geehrt** zu werden. *Var.:* … um so auch mit ihm **Ruhm** zu **erlangen**.
Röm 8,30	Die er aber gerecht gesprochen hat, denen hat er auch die *Herrlichkeit* verliehen.	Die er aber gerecht gesprochen hat, denen hat er auch **Ruhm** verliehen. *Var.:* … denen hat er auch **Ehre** verliehen.
Röm 15,6	… damit ihr den Gott und Vater unseres Herrn [Höchsten] Jesus Christus einmütig und einstimmig **lobt**.	
1Kor 4,10	Wir sind töricht um Christi willen, ihr dagegen seid klug in Christus; wir sind schwach, ihr seid stark; ihr seid **angesehen**, wir sind verachtet.	
1Kor 6,20	Ihr seid teuer erkauft. *Verherrlicht* also Gott mit eurem Leib!	Ihr seid teuer erkauft. **Ehrt** also Gott mit eurem Leib!
1Petr 4,11	… damit in allen Dingen Gott *verherrlicht* werde durch Jesus Christus; ihm sei die Herrlichkeit und die Herrschaft in alle Ewigkeit, Amen.	… damit in allen Dingen Gott **geehrt** werde durch Jesus Christus; ihm sei die Ehre und die Kraft in alle Ewigkeit, Amen.

Offb 15,4	Wer wird nicht fürchten, Herr [Höchster], nicht **preisen** deinen Namen?

4. Hierarchische Beziehungen

Hierarchien und die mit ihnen verbundene Ausübung von Macht sind nicht von vornherein problematisch. Wo Menschen eine Gemeinschaft bilden, entwickeln sich auch Machtstrukturen, die im guten Fall das Zusammenleben ordnen, im schlimmen Fall aber zu Unterdrückung führen.

Zum Beispiel zur Unterdrückung der Frauen: In einer patriarchal geprägten Gesellschaft sind die Geschlechter einseitig auf die verschiedenen hierarchischen Stufen verteilt. Die Frauen nehmen die untersten Hierarchiestufen ein, während die Männer an der Spitze positioniert sind. Viele Passagen der biblischen Schriften sind von diesem patriarchalen Kontext, in dem sie entstanden sind, deutlich geprägt. Allerdings wenden sich zahlreiche Texte ebenso deutlich gegen den Missbrauch von Macht und hinterfragen die geltenden Hierarchien. Dass Gott die Mächtigen entmachtet und die Schwachen ermächtigt, gehört zum Kern der biblischen Botschaft.

Die Wirkungsgeschichte der biblischen Texte zeigt, dass diese befreiende Botschaft über lange Zeiten hinweg – und in vielen Zusammenhängen bis heute – gegenüber Frauen in ihr Gegenteil verkehrt wurde. Durch die einseitige Betonung bestimmter Bibelstellen und die Unterschlagung anderer wurden Frauen zu Machtverzicht, Dienst- und Opferbereitschaft gedrängt, während die Ausübung von Macht den Männern vorbehalten blieb und nicht in Frage gestellt wurde.

Frauen leiden bis heute unter scheinbar unantastbaren patriarchalen Strukturen und reagieren deshalb besonders sensibel auf Machtbegriffe. In kritischer Auseinandersetzung mit der Wirkungsgeschichte macht die feministische Bibellektüre auf problematische Begrifflichkeiten aufmerksam, die oft nicht zur ursprünglichen Textaussage gehören, sondern allererst durch die Übersetzung eingetragen wurden. Ein gewichtiges Beispiel bietet die Übersetzung des κύριος-Titels mit *Herr* (s. o. Abschnitt 3.1).

Die folgenden Beispiele zeigen auf, dass einige deutsche Wörter mit Vorstellungen von Machtausübung und Unterordnung verbunden sind, die dem griechischen Urtext nicht entsprechen.

4.1 ÜBERORDNUNG

Zentrale neutestamentliche Begriffe wie zum Beispiel die βασιλεία τοῦ θεοῦ *basileia tou theou* (*Königtum/Herrschaft Gottes, Gottesreich*) entstammen einer politischen Sprache, die klare hierarchische Strukturen kennt. In unserer Sprache gibt es meist mehrere Möglichkeiten, die entsprechende Hierarchiestufe wiederzugeben; dabei sind die Konnotationen der einzelnen Wörter sorgfältig gegeneinander abzuwägen.

4.1.1 Königtum statt Herrschaft

Der Begriff *Herrschaft*, mit dem die NZB insbesondere in der Offenbarung des Johannes das griechische Wort βασιλεία *basileia* übersetzt, ist eng verbunden mit *Beherrschung, Befehlsgewalt, Vormachtstellung* – Begriffe, die allesamt den Aspekt gebieterischer Überordnung in den Vordergrund rücken (*Beherrschung von …, Befehlsgewalt über …*). Auch die Begriffe *Königtum* und *Königreich*[31] betonen offizielle Macht und Würde, werden jedoch nicht sogleich mit problematischen Machtstrukturen – die Königreiche durchaus auch aufweisen – in Verbindung gesetzt. Die Wörter *Königreich, Königtum* haben in unserer Sprache zudem eine symbolische, ja mythologische Dimension (vgl. die Märchen), die im griechischen Begriff βασιλεία *basileia* ebenfalls mitschwingt.

Mit *König* und nicht mit *Herrscher* übersetzt die NZB hingegen den Begriff βασιλεύς *basileus* (z. B. Offb 1,5: *Könige der Erde*). Indem wir auch βασιλεία *basileia* mit *Königtum, Königreich* übersetzen, machen wir auf den engen Zusammenhang der beiden Begriffe aufmerksam (vgl. z. B. den Bezug zwischen Joh 18,33 und 18,36).

Die Übersetzung der Verbindung βασιλεία τῶν οὐρανῶν *basileia tōn ouranōn* mit *Himmelreich* gefällt uns (vgl. Mt 3,2). Ebenso ist gegen die Wiedergabe der Verbindung βασιλεία τοῦ θεοῦ *basileia tou theou* mit *Gottesreich* bzw. *Reich Gottes* nichts einzuwenden (vgl. Mk 1,15; Mt 6,10). In Offb 17,18 steht die Wendung ἔχω βασιλείαν *echo basileian*: *das Königtum haben*. Die NZB übersetzt hier statt mit *Herrschaft haben* mit *regieren*, was wir begrüssen.

In Lk 23,7 ersetzen wir *Herrschaftsbereich* (hier nicht βασιλεία *basileia*, sondern ἐξουσία *exousia*) durch *Machtbereich* (s. dazu auch unten Abschnitt 4.1.5).

Mt 3,2	Kehrt um! Denn nahe gekommen ist das **Himmelreich**.
Mt 6,10	Dein **Reich** komme. Dein Wille geschehe, wie im Himmel so auf Erden.

---

[31] Der Begriff *Königtum* hebt den personalen Aspekt der βασιλεία *basileia* hervor, die Funktion des Königs als Machtträger, während der Begriff *Königreich* die räumliche Ausdehnung der βασιλεία *basileia* stärker betont.

Mk 1,15	Erfüllt ist die Zeit, und nahe gekommen das **Reich Gottes**.	
Lk 1,33	… und er wird König sein über das Haus Jakob in Ewigkeit, und *seine Herrschaft* wird kein Ende haben.	… und er wird König sein über das Haus Jakob in Ewigkeit, und **sein Königtum** wird kein Ende haben.
Lk 23,7	… dass er aus dem *Herrschaftsbereich* des Herodes komme …	… dass er aus dem **Machtbereich** des Herodes komme …
Joh 18,33	Du bist der **König** der Juden [des jüdischen Volkes]?	
Joh 18,36	Jesus antwortete: Mein *Reich* ist nicht von dieser Welt. Wäre mein *Reich* von dieser Welt …	Jesus antwortete: Mein **Königtum** ist nicht von dieser Welt. Wäre mein **Königtum** von dieser Welt …
Apg 1,6	Herr, wirst du noch in dieser Zeit deine *Herrschaft* wieder aufrichten für Israel?	Höchster, wirst du noch in dieser Zeit dein **Königtum** wieder aufrichten für Israel?
Offb 1,9	Ich, Johannes, euer Bruder und Gefährte in der Bedrängnis, der mit euch teilhat an der *Herrschaft* und mit euch in Jesus ausharrt …	Ich, Johannes, euer Bruder und Gefährte in der Bedrängnis, der mit euch teilhat am **Königtum** und mit euch in Jesus ausharrt …
Offb 11,15	Nun gehört *die Herrschaft* über die Welt unserem Herrn und seinem Gesalbten, und er wird herrschen von Ewigkeit zu Ewigkeit.	Nun gehört **das Königtum** über die Welt unserem Höchsten und seinem Gesalbten, und er wird regieren von Ewigkeit zu Ewigkeit.

Offb 12,10	Jetzt ist erschienen das Heil und die Kraft und die Königsherrschaft unseres Gottes und die Vollmacht seines Gesalbten.	Jetzt ist erschienen das Heil und die Kraft und **das Königreich** unseres Gottes und die Vollmacht seines Gesalbten. *Var.:* Jetzt ist erschienen das Heil und die Kraft und **das Königtum** unseres Gottes …
Offb 17,18	Und die Frau, die du gesehen hast, das ist die grosse Stadt, die über die Könige [Königinnen und Könige] der Erde **regiert**.	

4.1.2 Regieren statt herrschen

Wie das Substantiv βασιλεία *basileia* so soll auch das Verb βασιλεύω *basileuō* nicht von vornherein mit problematischen Machtstrukturen in Verbindung gesetzt werden. Statt mit *herrschen* übersetzen wir deshalb mit *regieren*.

Auch andere Verben wie κυριεύω *kyrieuō* oder ἡγέομαι *hēgeomai* übersetzt die NZB mit *herrschen* (vgl. Lk 22,25f; zu den Stellen, an denen die NZB κυριεύω *kyrieuō* mit *Herr sein über* übersetzt, s. o. Abschnitt 3.1.4). Unsere Übersetzungsvorschläge (*gebieten* und *anführen*) entsprechen dem Sinnzusammenhang von Lk 22,25f und differenzieren wie der Urtext.

Lk 22,25f	Die Könige *herrschen* über ihre Völker … … und wer *herrscht*, werde wie einer, der dient.	Die Könige **gebieten** über ihre Völker … … und wer **anführt**, werde wie jemand, der zudient.
Röm 5,14	Dennoch *herrschte* der Tod von Adam bis Mose …	Dennoch **regierte** der Tod von Adam bis Mose …
Röm 6,12	Lasst also die Sünde nicht *herrschen* in eurem sterblichen Leib …	Lasst also die Verirrung nicht **regieren** in eurem sterblichen Leib …
Offb 11,15	Nun gehört die Herrschaft über die Welt unserem Herrn und seinem Gesalbten, und er wird *herrschen* von Ewigkeit zu Ewigkeit.	Nun gehört das Königtum über die Welt unserem Höchsten und seinem Gesalbten, und er wird **regieren** von Ewigkeit zu Ewigkeit.

Offb 20,4	Sie wurden lebendig und *herrschten* mit Christus, tausend Jahre lang.	Sie wurden lebendig und **regierten** mit Christus, tausend Jahre lang.

4.1.3 Oberhaupt statt Herrscher oder Fürst

Wie die Begriffe *Herrschaft* und *herrschen* ist auch der Begriff *Herrscher* problematisch; er kommt jedoch in der NZB nur an wenigen Stellen vor. In 1Kor 2,6.8, Mt 20,25, Joh 12,31; Apg 7,27.35 und in Offb 1,5 übersetzt er den griechischen Begriff ἄρχων *archōn*, den die NZB an anderen Stellen meist mit *Fürst* wiedergibt (Lk 11,15; Joh 14,30; Apg 4,26 u. a.). Die griechische Vokabel ἄρχων *archōn* bezeichnet jedoch – im Unterschied etwa zum Begriff βασιλεύς *basileus* (*König*) – keine bestimmte Regierungsform, sondern allgemein eine Person in übergeordneter, gebietender Stellung. Wir ziehen deshalb dem spezifischen Begriff *Fürst* offenere Begriffe wie *Oberer*, *Oberster* oder *Regierender* vor, die im Plural ausserdem geschlechtsneutral sind. Die Variante *Oberer* kannte auch die NZB in der Evangelienausgabe von 1996 (z. B. Lk 14,1; Joh 7,26); wir halten an dieser Übersetzung fest. An einigen Stellen (Röm 13,3; Mt 20,25) bietet die Umschreibung mit einem Relativsatz (*diejenigen, die Macht haben*) eine elegante Lösung.

Der Begriff ἀρχηγός *archēgos* (Apg 3,15; 5,31) ist eng mit dem Begriff ἄρχων *archōn* verwandt, hat jedoch auch noch die Bedeutung *Urheber, Begründer* – eine Bedeutung, die unseres Erachtens in Apg 3,15 den Kontext hervorragend trifft: Nicht derjenige, der über das Leben regiert, sondern der das Leben begründet, wurde getötet.

In Offb 6,10 übersetzt die NZB den griechischen Begriff δεσπότης *despotēs* mit *Herrscher*, wir bevorzugen hier *Gebieter* (s. o. Abschnitt 3.1.5).

Ebenfalls in der Offenbarung findet sich wiederholt der Begriff Pantokrator (παντοκράτωρ *pantokratōr*), den die NZB mit *Herrscher über das All* wiedergibt. Da der Begriff an sämtlichen Stellen als Apposition zu Gott oder dem Höchsten steht, formulieren wir mit einem Relativsatz: ... , *der Macht hat über alles* (vgl. Offb 1,8).

Mt 20,25	Ihr wisst, dass die *Herrscher* ihre Völker unterdrücken ...	Ihr wisst, dass **diejenigen, die Macht haben,** ihre Völker unterdrücken ...
Lk 11,15	Durch Beelzebul, den *Fürsten* der Dämonen, treibt er die Dämonen aus.	Durch Beelzebul, den **Obersten** der Dämonen, treibt er die Dämonen aus.

Lk 14,1	Und es geschah, als er an einem Sabbat in das Haus eines *angesehenen* Pharisäers zum Essen kam …	Und es geschah, als er an einem Sabbat in das Haus eines **der Oberen** der Pharisäer zum Essen kam …
Joh 7,26	Sollten die *Mitglieder des Hohen Rates* wirklich erkannt haben, dass dieser der Christus ist?	Sollten die **Oberen** wirklich erkannt haben, dass dieser der Christus ist?
Joh 12,31	Jetzt ergeht das Gericht über diese Welt, jetzt wird der *Herrscher* dieser Welt hinausgeworfen werden.	Jetzt ergeht das Gericht über diese Welt, jetzt wird der **Oberste** dieser Welt hinausgeworfen werden.
Joh 14,30	Ich kann euch nicht mehr viel sagen, denn es kommt der *Fürst* der Welt.	Ich kann euch nicht mehr viel sagen, denn es kommt der **Oberste** der Welt.
Joh 16,11	… dass der *Fürst* dieser Welt gerichtet ist.	… dass der **Oberste** dieser Welt gerichtet ist.
Apg 3,15	… den *Fürst* des Lebens habt ihr getötet – Gott aber hat ihn von den Toten auferweckt; dessen sind wir Zeugen.	… den **Begründer** des Lebens habt ihr getötet – Gott aber hat ihn von den Toten auferweckt; dessen sind wir Zeuginnen und Zeugen.
Apg 3,17	Nun, ich weiss, liebe Brüder, dass ihr aus Unwissenheit gehandelt habt, wie eure *führenden Männer* auch.	Nun, ich weiss, liebe Brüder und Schwestern, dass ihr aus Unwissenheit gehandelt habt, wie eure **Oberen** auch.
Apg 4,26	Die Könige der Erde sind herbeigekommen, und die *Fürsten* haben sich zusammengetan, gegen den Herrn und seinen Gesalbten.	Die Könige der Erde sind herbeigekommen, und die **Oberen** haben sich zusammengetan, gegen den Höchsten und seinen Gesalbten.

Apg 5,31	Gott hat ihn zu seiner Rechten erhöht und zum *Fürsten* und Retter gemacht, um Israel Umkehr zu schenken und Vergebung der Sünden.	Gott hat ihn zu seiner Rechten erhöht und zum **Oberhaupt** und Retter gemacht, um Israel Umkehr zu schenken und Vergebung der Verirrungen.
Apg 7,27	Wer hat dich zum *Herrscher* und Richter über uns gesetzt?	Wer hat dich zum **Oberhaupt** und Richter über uns gesetzt?
Apg 7,35	… ihn hat Gott als *Herrscher* und Erlöser gesandt durch die Hand des Engels, der ihm im Dornbusch erschienen ist.	… ihn hat Gott als **Oberen** und Erlöser gesandt durch die Hand des Engels, der ihm im Dornbusch erschienen ist.
Röm 13,3	Denn nicht die gute Tat muss die *Machthaber* fürchten, sondern die böse.	Denn nicht die gute Tat muss **diejenigen** fürchten, **die Macht haben,** sondern die böse.
1Kor 2,6	Von Weisheit aber reden wir im Kreis der Vollkommenen – jedoch nicht von der Weisheit dieser Weltzeit noch der *Herrscher* dieser Weltzeit, die zunichte werden.	Von Weisheit aber reden wir im Kreis der Vollkommenen – jedoch nicht von der Weisheit dieser Weltzeit noch der **Oberen** dieser Weltzeit, die zunichte werden.
1Kor 2,8	Sie hat keiner der *Herrscher* dieser Weltzeit je erkannt …	Sie hat keiner der **Oberen** dieser Weltzeit je erkannt …
Offb 1,5	… und von Jesus Christus, dem treuen Zeugen, dem Erstgeborenen aus den Toten, dem *Herrscher* über die Könige der Erde.	… und von Jesus Christus, dem treuen Zeugen, dem Erstgeborenen aus den Toten, dem **Oberhaupt** über die Könige der Erde.
Offb 1,8	Ich bin das A und das O, spricht Gott, der Herr, der ist und der war und der kommt, *der Herrscher über das All.*	Ich bin das A und das O, spricht Gott, der Höchste, der ist und der war und der kommt, **der Macht hat über alles.**

Offb 6,10	Wie lange noch, *Herrscher*, Heiliger und Wahrhaftiger, zögerst du ...	Wie lange noch, **Gebieter**, Heiliger und Wahrhaftiger, zögerst du ...

4.1.4 Jesus: Lehrer statt Meister

Im Mittelalter hatte ein *Meister* bzw. *Zunftmeister* seine Untergebenen zu lehren und zu führen. Heute kennen wir noch die *Meisterprüfung* als höhere Fachprüfung in Handwerksberufen. Ausserdem sprechen wir von *Meistern* und *Altmeistern* wie auch von *Meisterschaften* in Bezug auf Höchstleistungen auf einem bestimmten Gebiet von Kunst bis Sport, und in einer Redewendung *zeigen wir jemandem den Meister*.

Der griechische Begriff διδάσκαλος *didaskalos* fokussiert weniger die Höchstleistung oder die absolut übergeordnete Position einer Person als vielmehr die Beziehung, in der sie zu einem Kreis von Lernenden steht: Sie gibt an diesen Kreis Wissen und Fähigkeiten weiter, sie *lehrt* (διδάσκω *didaskō*). Um dieser Bedeutungsdimension gerecht zu werden und die stark hierarchisch geprägten Konnotationen des Begriffs *Meister* zu vermeiden, übersetzen wir διδάσκαλος *didaskalos* mit *Lehrer* (so auch die NZB in Lk 2,46; Joh 3,2.10; Apg 13,1 sowie in den Briefen). Der Nachteil dieser Übersetzungsvariante, dass nämlich die persönliche Beziehung zwischen Lehrperson und Lernenden etwas in den Hintergrund tritt (anders als beim religiös geprägten Begriff *Rabbi*), ist insofern nicht so gravierend, als wir wie die NZB die Lernenden bzw. Schülerinnen und Schüler (μαθηταί *mathētai*) des Lehrers als *Jüngerinnen und Jünger* bezeichnen. Damit bleibt deutlich, dass der Lehrer nicht einfach nur Funktionsträger ist, sondern seine Person eine zentrale Rolle spielt. Oft weist auch der Kontext auf diese Bedeutungsdimension hin (vgl. Mt 8,19). Um die persönliche Beziehung stärker zu betonen, bietet sich auch die Möglichkeit, die zahlreichen Vokative anstelle von *Lehrer!* mit *mein Lehrer!* wiederzugeben (Mt 8,19; Lk 3,12).

Mt 8,19	*Meister*, ich will dir folgen, wohin du auch gehst.	**Lehrer**, ich will dir folgen, wohin du auch gehst.
		Var.: **Mein Lehrer**, ich will dir folgen, wohin du auch gehst.

Mk 14,14	Der *Meister* lässt fragen: Wo ist der Raum, in dem ich mit meinen Jüngern das Passalamm essen kann?	Der **Lehrer** lässt fragen: Wo ist der Raum, in dem ich mit meinen Jüngerinnen und Jüngern das Passamahl essen kann?
Lk 2,46	Und es geschah nach drei Tagen, dass sie ihn fanden, wie er im Tempel mitten unter den **Lehrern** sass und ihnen zuhörte und Fragen stellte.	
Lk 3,12	*Meister*, was sollen wir tun?	**Lehrer**, was sollen wir tun? *Var.:* **Mein Lehrer**, was sollen wir tun?
Joh 3,2	Rabbi, wir wissen, dass du als **Lehrer** von Gott gekommen bist …	
Joh 3,10	Jesus antwortete ihm: Du bist der **Lehrer** Israels und verstehst das nicht?	
Joh 11,28	Und als sie dies gesagt hatte, ging sie fort und rief Maria, ihre Schwester, und sagte heimlich zu ihr: Der *Meister* ist da und ruft dich.	Und als sie dies gesagt hatte, ging sie fort und rief Maria, ihre Schwester, und sagte heimlich zu ihr: Der **Lehrer** ist da und ruft dich.
Apg 13,1	Es gab nun in Antiochia in der dortigen Gemeinde Propheten und **Lehrer**: Barnabas, Simeon, der auch ‹der Schwarze› genannt wurde, Lucius, der Kyrener, Manaen, ein Jugendgefährte des Tetrarchen Herodes, und Saulus.	

4.1.5 Vollmacht und Kraft statt Macht

Der Begriff *Macht* ist als solcher nicht bereits problematisch, im Gegenteil: Wir ziehen ihn patriarchal geprägten Vokabeln wie *Herrschaft* vor (vgl. Lk 23,7 unter Abschnitt 4.1.1; Mt 20,25 und Offb 1,8 unter Abschnitt 4.1.3). Auch gibt es andere Fälle, insbesondere wenn von negativer Macht die Rede ist, in denen wir den Ausdruck für adäquat halten (Lk 22,53; Apg 26,18); vgl. zudem die beiden Stellen in Röm 9,21f und 11,23, wo er zur Übersetzung von δυνατός *dynatos* (*fähig, stark, möglich*) herangezogen wurde. Es gibt jedoch Zusammenhänge, in denen unseres Erachtens der Begriff *Macht* zu kurz greift. Meist sind dies Stellen, an denen die griechischen Vokabeln ἐξουσία *exousia* (in positiver Bedeutung) oder δύναμις *dynamis* stehen.

Der griechische Begriff ἐξουσία *exousia* schillert in unterschiedlichen Nuancen. Bereits seine Grundbedeutung, die *Freiheit* bzw. das *Recht (zu handeln, zu bestimmen, zu verfügen)*, zeigt jedoch, dass nicht die Machtausübung als solche im Vordergrund steht, sondern die Ermächtigung (vgl. zu dieser Grundbedeutung 1Kor 8,9; 9,4). Der Begriff *Vollmacht* ist deshalb oft präziser als der Begriff *Macht* (häufig übersetzt auch die NZB mit *Vollmacht*, vgl. z. B. Mt 7,29, Joh 1,12; 2Kor 13,10; Offb 13,2). Wir finden, dass auch an den übrigen Stellen *Vollmacht* eine präzise Übersetzung bietet.

Mt 7,29	Denn er lehrte sie wie einer, der **Vollmacht** hat …	
Mt 28,18	Mir ist alle *Macht* gegeben im Himmel und auf Erden.	Mir ist alle **Vollmacht** gegeben im Himmel und auf Erden.
Lk 4,36	In **Vollmacht** (ἐξουσία *exousia*) und **Kraft** (δύναμις *dynamis*) gebietet er den unreinen Geistern, und sie fahren aus.	
Lk 22,53	… und darin besteht die **Macht** der Finsternis.	
Joh 1,12	Die ihn aber aufnahmen, denen gab er **Vollmacht**, Gottes Kinder zu werden …	
Joh 17,2	Denn du hast ihm *Macht* gegeben über alle Sterblichen …	Denn du hast ihm **Vollmacht** gegeben über alle Sterblichen …
Apg 26,18	Du sollst ihnen die Augen öffnen, dass sie sich von der Finsternis zum Licht, von der **Macht** des Satans zu Gott hinwenden …	
Röm 9,21f	Hat denn der Töpfer nicht *Macht* (ἐξουσία *exousia*) über den Ton? Kann er nicht aus dem selben Stoff das eine Gefäss zu einem Gefäss der Ehre, das andere aber zu einem Gefäss der Schande machen? Wie aber, wenn Gott seinen Zorn zeigen und seine *Macht* (δυνατός *dynatos*) kundtun wollte und deshalb die Gefässe des Zorns, die zum Verderben bereitgestellt sind, mit viel Geduld ertragen hätte …	Hat denn der Töpfer nicht **Vollmacht** über den Ton? Kann er nicht aus dem selben Stoff das eine Gefäss zu einem Gefäss der Ehre, das andere aber zu einem Gefäss der Schande machen? Wie aber, wenn Gott seinen Zorn zeigen und seine **Macht** kundtun wollte und deshalb die Gefässe des Zorns, die zum Verderben bereitgestellt sind, mit viel Geduld ertragen hätte …

Röm 11,23	Gott hat ja die **Macht** (δυνατός *dynatos*), sie wieder einzupfropfen.	
Röm 13,1	Jedermann ordne sich den *staatlichen Behörden* (ἐξουσία *exousia*) unter, *die Macht über ihn haben.*	Jeder Mensch ordne sich den **höhergestellten Autoritäten** unter.
1Kor 8,9	Gebt aber acht, dass diese eure **Freiheit** den Schwachen nicht zum Anstoss werde!	
1Kor 9,4	Haben wir etwa nicht das **Recht**, zu essen und zu trinken?	
1Kor 11,10	Darum, wegen der Engel, soll die Frau *Macht* über ihr Haupt haben.	Darum soll die Frau **Vollmacht** haben über das Haupt, um der Engel willen.
2Kor 13,10	… kraft der **Vollmacht**, die mir der Herr [Höchste] zur Erbauung und nicht zur Zerstörung gegeben hat.	
Offb 13,2	Und der Drache übergab ihm seine Gewalt und seinen Thron und grosse **Vollmacht**.	
Offb 14,18	Und wieder ein anderer Engel kam vom Altar her, der hatte *Macht* über das Feuer.	Und wieder ein anderer Engel kam vom Altar her, der hatte **Vollmacht** über das Feuer.

Beim Begriff δύναμις *dynamis* geht es weniger um das Recht oder die Freiheit zu handeln als um die *Kraft* zu handeln, um die Fähigkeit also, etwas in Bewegung zu setzen (vgl. den Begriff *Dynamik*) – deshalb bezeichnet dieser Begriff in den Evangelien oft das *Wunder*. Wir ziehen an den Stellen, an denen die NZB δύναμις *dynamis* mit *Macht* übersetzt, die Übersetzung mit *Kraft* vor (an zahlreichen anderen Stellen so auch die NZB, z. B. 1Kor 1,18).

Mk 9,1	Einige von denen, die hier stehen, werden den Tod nicht schmecken, bevor sie das Reich Gottes sehen, wenn es gekommen ist mit *Macht*.	Einige von denen, die hier stehen, werden den Tod nicht schmecken, bevor sie das Reich Gottes sehen, wenn es gekommen ist mit **Kraft**.

Mk 13,25f	… und die *Mächte* im Himmel werden erschüttert werden. Und dann werden sie den Menschensohn auf den Wolken kommen sehen mit grosser *Macht* und Herrlichkeit.	… und die **Kräfte** im Himmel werden erschüttert werden. Und dann werden sie den Menschensohn auf den Wolken kommen sehen mit grosser **Kraft** und in Glanz.
Röm 15,19	… *durch die Macht* von Zeichen und Wundern, in der Kraft des Geistes.	… **in der Kraft** von Zeichen und Wundern, in der Geistkraft.
1Kor 1,18	… für die aber, die gerettet werden, für uns, ist es Gottes **Kraft**.	
1Kor 15,24	Dann ist das Ende da, wenn er das Reich Gott, dem Vater, übergibt, wenn er alle *Herrschaft* (ἀρχή *archē*), alle *Gewalt* (ἐξουσία *exousia*) und *Macht* (δύναμις *dynamis*) zunichte gemacht hat.	Dann ist das Ende da, wenn er das Reich Gott, dem Vater, übergibt, wenn er alle **Obrigkeit**, alle **Macht** und **Kraft** zunichte gemacht hat.
Offb 4,11	Würdig bist du, Herr, unser Gott, zu empfangen den Lobpreis, die Ehre und die *Macht* …	Würdig bist du, Höchster, unser Gott, zu empfangen den Lobpreis, die Ehre und die **Kraft** …
Offb 5,12	… zu empfangen *Macht* und Reichtum und Weisheit und Kraft und Ehre und Preis und Lob.	… zu empfangen **Kraft** und Reichtum und Weisheit und Stärke und Ehre und Preis und Lob.
Offb 19,1	Das Heil und die Herrlichkeit und die *Macht* sind in der Hand unseres Gottes.	Das Heil und die Ehre und die **Kraft** sind in der Hand unseres Gottes.

In Offb 6,4; 13,15 und 16,8 finden wir die Formulierung *es wurde jemandem die Macht gegeben bzw. verliehen, etwas zu tun*. Im Griechischen fehlt an diesen Stellen allerdings das Objekt *Macht*; wir ziehen deshalb eine wörtliche Übersetzung vor: *jemandem wurde es gegeben, etwas zu tun* – so auch die NZB in 13,7. Vgl. auch die Neuformulierung in Offb 19,7f.

Offb 6,4	… und dem, der auf ihm sass, wurde *die Macht verliehen*, den Frieden von der Erde zu nehmen, dass sie einander niedermetzelten.	… und dem, der auf ihm sass, wurde **gegeben**, den Frieden von der Erde zu nehmen, dass sie einander niedermetzelten.
Offb 13,7	Und es wurde ihm **gegeben**, Krieg zu führen gegen die Heiligen …	
Offb 13,15	Und es wurde ihm *Macht gegeben*, dem Bild des Tieres Leben einzuhauchen …	Und es wurde ihm **gegeben**, dem Bild des Tieres Leben einzuhauchen …
Offb 16,8	Und der vierte goss seine Schale aus über die Sonne, und es wurde ihr *Macht gegeben*, die Menschen zu peinigen mit ihrer Glut.	Und der vierte goss seine Schale aus über die Sonne, und es wurde ihr **gegeben**, die Menschen zu verbrennen mit ihrer Glut.
Offb 19,7f	Denn gekommen ist die Hochzeit des Lammes, und seine Braut hat sich schön gemacht. Und *sie durfte sich kleiden in* leuchtend weisses, reines Leinen …	Denn gekommen ist die Hochzeit des Lammes, und seine Braut hat sich bereit gemacht. Und **es wurde ihr gegeben**, leuchtend weisses, reines Leinen **zu tragen** …

4.2 Unterordnung

Das Gegenstück zu den diskutierten Herrschaftsbegriffen bilden Begriffe der Unterordnung wie *dienen, Dienst, Diener, Dienerin, Knecht, Magd und Knechtschaft*. Auch sie werden von heutigen Leserinnen und Lesern oft mit problematischen Formen von Machtausübung verbunden. Ihre Verwendung in der Übersetzung des Neuen Testament ist deshalb schwierig.

4.2.1 Helfen statt dienen

Im Laufe der Christentumsgeschichte wurden prägnante Jesusworte (z. B. Mt 20,26; 23,11; Mk 10,43–45; Joh 13,14) und einschlägige Stellen aus den paulinischen Briefen wie z. B. 1Kor 11 oder 1Kor 14,34 dazu missbraucht, Frauen in eine *dienende* Rolle zu drängen (vgl. auch Eph 5,22–24). Die jüngeren Schriften des Neuen Testaments erwarten von Frauen explizit Unterordnung und Selbstaufopferung (1Tim 2,8–15; 5,1–16; Tit 2,5). Diese Diskriminierung der Frau gilt es zu kritisieren.

Jesusworte wie Mk 8,34–38; 10,43–45, die zu unbedingter Nachfolge und selbstlosem Dienst aufrufen, gehören unbestritten zu den zentralen Stücken des Neuen Testaments. Sie richten sich gleichermassen an Frauen und Männer. Es stellt sich die Frage, ob der Begriff *dienen* – wie er heute gebraucht wird – die Bedeutung des griechischen Wortlauts (διακονέω *diakoneō*) noch adäquat wiederzugeben vermag.

In Bezug auf den zwischenmenschlichen Umgang treffen wir heute nur noch in sehr ausgewählten Zusammenhängen auf das Wort *dienen*, etwa wenn uns das Verkaufspersonal mit der Frage begrüsst: «Womit kann ich Ihnen dienen?» *Dienstboten, Dienerinnen* und *Diener* sind vielleicht noch in Königshäusern anzutreffen. Mit *Unterwürfigkeit* und *Untertänigkeit* setzen wir denn auch das Wort *dienen* in Verbindung, was dem griechischen Verb διακονέω *diakoneō* nicht gerecht wird, eher dann dem viel stärkeren Begriff δουλεύω *douleuō* (*Sklave sein, dienen, gehorchen:* s. u. Abschnitt 4.2.4). Zum semantischen Feld von διακονέω *diakoneō* hingegen gehören Bedeutungen wie *sorgen für, unterstützen, zur Seite stehen*, die nicht die Unterordnung in den Vordergrund rücken, sondern die Hilfeleistung, die auf gleicher Stufe erfolgt.

Die Fälle, in denen das Verb διακονέω *diakoneō* die Tätigkeit von Frauen bezeichnet, sind besonders sorgfältig zu übersetzen. Wir sind sehr erfreut darüber, dass in Mt 27,55 die NZB unserem Vorschlag gefolgt ist und nun neu mit *unterstützen* statt mit *dienen* übersetzt. Ähnliche Varianten hätten wir auch für Mt 8,15 und Lk 10,40 begrüsst: Zwar kann das Verb in einzelnen Fällen den Aspekt des *Bewirtens* einschliessen, doch klammern die gewählten Übersetzungen aus, dass auch mehr gemeint sein könnte.

Mt 4,11	Und es kamen Engel und *dienten ihm*.	Und es kamen Engel und **sorgten für ihn**.
Mt 8,15	Und er nahm ihre Hand, und das Fieber wich von ihr; und sie stand auf und *bewirtete* ihn.	Und er nahm ihre Hand, und das Fieber wich von ihr; und sie stand auf und **sorgte für** ihn.
Mt 20,28	… so wie der Menschensohn nicht gekommen ist, um sich *dienen* zu lassen, sondern um zu *dienen* und sein Leben hinzugeben als Lösegeld für viele.	… so wie der Menschensohn nicht gekommen ist, um sich **helfen** zu lassen, sondern um zu **helfen** und sein Leben hinzugeben als Lösegeld für viele.

86

Mt 25,44	Dann werden auch sie antworten: Herr [Höchster], wann haben wir dich hungrig oder durstig gesehen oder fremd oder nackt oder krank oder im Gefängnis und haben nicht **für** dich **gesorgt**?	
Mt 27,55	Es waren dort viele Frauen, die von ferne zuschauten; sie waren Jesus aus Galiläa gefolgt und hatten ihn **unterstützt**.	
Lk 10,40	Marta aber war ganz *mit der Bewirtung beschäftigt*. Sie kam nun zu ihm und sagte: Herr, kümmert es dich nicht, dass meine Schwester *die Bewirtung mir allein überlässt*?	Marta aber war ganz **in Anspruch genommen, für ihn zu sorgen**. Sie kam nun zu ihm und sagte: Höchster, kümmert es dich nicht, dass meine Schwester **es allein mir überlässt, für dich zu sorgen**?
Röm 15,25	Jetzt aber breche ich nach Jerusalem auf, um den Heiligen *einen Dienst zu erweisen*.	Jetzt aber breche ich nach Jerusalem auf, um den Heiligen **zu helfen**.

4.2.2 Helfer statt Diener, Helferin statt Dienerin

Das Substantiv διάκονος *diakonos* übersetzen wir statt mit *Diener, Dienerin* mit *Helfer, Helferin*. In den Briefen wählen wir dort, wo Personen mit einer ganz bestimmten Funktion in der Gemeinde gemeint sind, die Bezeichnung *Diakon, Diakonin*. In Röm 16,1 ist die NZB unserem Vorschlag gefolgt und nennt nun Phöbe *Diakonin* (zu dieser Stelle s. o. ausführlicher Abschnitt 2.1.4).

Mk 10,43	Wer unter euch gross sein will, sei euer *Diener* …	Wer unter euch gross sein will, sei euer **Helfer oder eure Helferin** …
Röm 13,3f	Willst du die Autorität des Staates nicht fürchten müssen? Dann tue das Gute, und du wirst bei ihr Anerkennung finden! Denn Gottes *Dienerin* ist sie, zu deinem Besten.	Willst du die Autorität des Staates nicht fürchten müssen? Dann tue das Gute, und du wirst bei ihr Anerkennung finden! Denn Gottes **Helferin** ist sie, zu deinem Besten.

Röm 15,8	Um der Wahrhaftigkeit Gottes willen ist Christus zum *Diener* der Beschnittenen geworden …	Um der Wahrhaftigkeit Gottes willen ist Christus zum **Helfer** der Beschnittenen geworden …
Röm 16,1	Ich empfehle euch unsere Schwester Phöbe, die **Diakonin** der Gemeinde von Kenchreä.	
Gal 2,17	… ist dann Christus ein *Diener* der Sünde?	… ist dann Christus ein **Helfer** der Verirrung?

4.2.3 Hilfe statt Dienst

Der Begriff *Dienst* ist im Unterschied zu den Begriffen *Diener, Dienerin* und *dienen* stärker sachbezogen – um einen *Dienst* zu leisten, braucht jemand nicht *DienerIn* einer anderen Person zu sein. Dennoch liegt es an einigen Stellen nahe, διακονία *diakonia* analog zu διακονέω *diakoneō* und διάκονος *diakonos* mit *Hilfe, Unterstützung* oder *Aufgabe* zu übersetzen (so auch die NZB in Apg 11,29; Offb 2,19), an anderen Stellen ist *Dienst* der treffendere Ausdruck (z. B. Röm 11,13).

Apg 1,25	… diesen *Dienst* zu übernehmen, das Apostelamt, von dem sich Judas abgewandt hat, um dorthin zu gehen, wo sein Platz ist.	… diese **Aufgabe** zu übernehmen, das Apostelamt, von dem sich Judas abgewandt hat, um dorthin zu gehen, wo sein Platz ist.
Apg 11,29	… um es den in Judäa wohnhaften Brüdern und Schwestern zur **Unterstützung** zukommen zu lassen.	
Röm 11,13	Sofern ich nun ein Apostel für die Völker bin, preise ich meinen **Dienst** …	
Röm 12,7	… sei es die Gabe zu *dienen*, wo es um *Dienst* geht …	… sei es die Gabe zu **helfen**, wo es um **Hilfe** geht …
Röm 15,31	… und *mein Dienst, den ich an Jerusalem tue,* den Heiligen willkommen sei.	… und **meine Hilfeleistung für** Jerusalem den Heiligen willkommen sei.
Offb 2,19	Ich kenne deine Werke – die Liebe, den Glauben, **die Hilfsbereitschaft** – und dein Ausharren …	

4.2.4 Diener statt Knecht, Dienerin statt Magd

Im Unterschied zu διακονέω *diakoneō*, διάκονος *diakonos* (s. o. Abschnitte 4.2.1 und 4.2.2) setzen die griechischen Begriffe δουλεύω *douleuō*, δοῦλος *doulos*, δούλη *doulē* eine klare Unterordnung bzw. Unterwerfung voraus; δοῦλος *doulos*, δούλη *doulē* bezeichnen den *Sklaven* und die *Sklavin*, die ihrem Gebieter oder ihrer Gebieterin bedingungslos zu gehorchen haben. Hier ist unseres Erachtens die Übersetzung mit *dienen, Diener, Dienerin* durchaus adäquat; auch *Sklave, Sklavin sein* oder *untergeben sein* kann die Bedeutung des Verbs δουλεύω *douleuō* wiedergeben (vgl. die Übersetzung des Verbs καταδουλόω *katadouloō* mit *zu Sklaven und Sklavinnen machen* in Gal 2,4).

Der Übersetzung mit *Knecht* stehen wir hingegen skeptisch gegenüber, denn im heutigen Sprachgebrauch ist dieser Begriff stark in den Hintergrund getreten. Auch im landwirtschaftlichen Bereich, wo der Begriff lange Zeit verankert war (vgl. die Sprache von Jeremias Gotthelf), spricht heute kaum mehr jemand von den Angestellten als *Knechten*. Dasselbe gilt für das weibliche Pendant, die *Magd*. Die Begriffe *Magd* und *Knecht* klingen heute nicht nur altertümlich, sondern haben auch ihre ursprüngliche Schärfe verloren. *Knechte* und *Mägde* lebten ehemals in radikaler Unterordnung und hatten kaum Rechte. Genau diese Stellung meinen die Begriffe δοῦλος *doulos* und δούλη *doulē*. Wir übersetzen diese Begriffe deshalb mit *Sklave, Sklavin* oder *Diener, Dienerin*. Auch παῖς *pais*, παιδίσκη *paidiskē*, die in der NZB meist mit *Knecht, Magd* übersetzt sind (Lk 1,54; 12,45; Joh 18,17; Apg 12,13; Gal 4,22), geben wir mit *Diener, Dienerin* bzw. *Sklave, Sklavin* wieder. In anderen Zusammenhängen kann παῖς *pais* auch die Bedeutung von *Kind* haben (vgl. Lk 1,54).

In Lk 2,29 erhält der Text durch die Übersetzung mit den radikaleren Begriffen (*einen Sklaven freilassen* statt *einen Diener gehen lassen*) eine neue Ausrichtung, die unseres Erachtens dem griechischen Wortlaut durchaus entspricht.

Mt 6,24	Ihr könnt nicht Gott **dienen** und dem Mammon.	
Mk 10,44	… und wer unter euch der Erste sein will, sei *der Knecht aller*.	… und wer unter euch an erster Stelle stehen will, sei **allen untergeben**.
Lk 1,38	Ja, ich bin des Herrn *Magd*; mir geschehe, wie du gesagt hast!	Ja, ich bin die **Dienerin** des Höchsten; mir geschehe, wie du gesagt hast!

Lk 1,48	… denn hingesehen hat er auf die Niedrigkeit seiner *Magd*.	… denn hingesehen hat er auf die Niedrigkeit seiner **Dienerin**.
Lk 1,54	Er hat sich Israels, seines *Knechtes*, angenommen …	Er hat sich Israels, seines **Kindes**, angenommen …
Lk 2,29	Nun lässt du deinen *Diener* gehen, Herr …	Nun lässt du deinen **Sklaven** frei, Gebieter …
Lk 12,45	Wenn aber dieser *Knecht* in seinem Herzen sagt: Mein Herr kommt noch lange nicht, und anfängt, die *Knechte* und die *Mägde* zu schlagen …	Wenn aber dieser **Diener** in seinem Herzen sagt: Mein Höchster kommt noch lange nicht, und anfängt, die **Diener** und die **Dienerinnen** zu schlagen …
Joh 8,33	Wir sind Nachkommen Abrahams und nie jemandes **Sklaven** [und Sklavinnen] gewesen.	
Joh 18,17	Da sagt die *Magd*, die Türhüterin, zu Petrus …	Da sagt die **Dienerin**, die Türhüterin, zu Petrus …
Apg 4,29	Achte auf ihre Drohungen und gewähre *deinen Knechten*, in aller Freiheit dein Wort zu verkündigen …	Achte auf ihre Drohungen und gewähre **denen, die dir dienen**, in aller Freiheit dein Wort zu verkündigen …
Apg 12,13	Als er nun an die Eingangstür klopfte, kam eine *Magd* namens Rhode, um nachzusehen …	Als er nun an die Eingangstür klopfte, kam eine **Dienerin** namens Rhode, um nachzusehen …
Gal 2,4	… um unsere Freiheit, die wir in Christus Jesus haben, auszukundschaften und uns so *zu Knechten zu machen* …	… um unsere Freiheit, die wir in Christus Jesus haben, auszukundschaften und uns so **zu Sklaven und Sklavinnen zu machen** …
Gal 4,22	Es steht doch geschrieben, dass Abraham zwei Söhne hatte, einen von der *Magd* und einen von der Freien.	Es steht doch geschrieben, dass Abraham zwei Söhne hatte, einen von der **Sklavin** und einen von der Freien.

Gal 4,25	Er entspricht dem gegenwärtigen Jerusalem, der Stadt nämlich, die mit ihren Kindern in der **Sklaverei** lebt.	
1 Petr 2,16	… als Freie – aber nicht als solche, die ihre Freiheit als Deckmantel für die Bosheit benutzen, sondern als *Knechte* Gottes.	… als Freie – aber nicht als solche, die ihre Freiheit als Deckmantel für die Bosheit benutzen, sondern als **Diener und Dienerinnen** Gottes.
Offb 10,7	… wie er es seine *Knechte*, die Propheten, hat verkündigen lassen.	… wie er seine **Dienenden**, die Prophetinnen und Propheten, hat verkündigen lassen.

4.2.5 Sklaverei statt Knechtschaft

Wie *Knecht* und *Magd* ist auch der Begriff *Knechtschaft* in der Alltagssprache kaum mehr gebräuchlich, v. a. aber ist er männlich besetzt. Entsprechend zu den Lösungen im vorhergehenden Abschnitt bevorzugen wir *Sklaverei*.

Röm 8,15	Ihr habt doch nicht einen Geist der *Knechtschaft* empfangen, um wiederum in Furcht zu leben; nein, ihr habt einen Geist der Kindschaft empfangen, in dem wir rufen: Abba, Vater!	Ihr habt doch nicht die Geistkraft der **Sklaverei** empfangen, um wiederum in Furcht zu leben; nein, ihr habt die Geistkraft der Kindschaft empfangen, in der wir rufen: Abba, Vater!
Röm 8,21	… dass auch die Schöpfung von der *Knechtschaft* der Vergänglichkeit befreit werde zur herrlichen Freiheit der Kinder Gottes.	… dass auch die Schöpfung von der **Sklaverei** der Vergänglichkeit befreit werde zur glanzvollen Freiheit der Kinder Gottes.
Gal 4,24	Die beiden Frauen bedeuten zwei Bundesschlüsse, die eine den vom Berg Sinai, der Nachkommen für die **Sklaverei** hervorbringt – das ist Hagar.	
Hebr 2,15	… und alle zu befreien, die durch die Furcht vor dem Tod ein Leben lang in *Knechtschaft* gehalten waren.	… und alle zu befreien, die durch die Furcht vor dem Tod ein Leben lang in **Sklaverei** gehalten waren.

5. Sprache der Gewalt eingrenzen

Gewalt ist in allen Machtverhältnissen vorzufinden. Können sich Personen oder Staatsgebilde nicht auf natürliche oder legitimierte Autorität stützen, brauchen sie Gewalt, um ihre Machtansprüche durchzusetzen oder aufrechtzuerhalten; Ausdruck davon sind physische und psychische Nötigung, Unterdrückung und Krieg.

Wenn nun Begriffe, die solche Gewaltphänomene beschreiben, in Zusammenhängen gebraucht werden, die nichts mit Gewaltanwendung zu tun haben, kann es bei der Leserin oder dem Leser leicht zu falschen Assoziationen kommen.

5.1 KONFLIKTE

Zwei sprachliche Vorgänge sind zu beobachten: Wo der Einsatz von Gewalt als Mittel zur Machterhaltung oder zur Durchsetzung von singulären Interessen verbreitet ist, dringen Begriffe aus der Kriegsterminologie in die Alltagssprache ein. Durch den häufigen Gebrauch tritt ihre ursprünglich aggressive Bedeutung in den Hintergrund, ohne jedoch ganz zu verblassen (vgl. z. B. die Begriffe *Fronten* oder *Strategie*). Umgekehrt verwenden Krieg führende Parteien harmlose Begriffe aus dem zivilen Alltag, um die Anwendung von Gewalt zu beschönigen (Euphemismen), was dazu führen kann, dass ein Begriff aus dem zivilen Bereich seine Unschuld verliert (vgl. z. B. den Begriff *Säuberung*).

In biblischen Texten finden sich mitunter Ausdrücke, die zur Kriegssprache gehören. Allerdings werden diese Begriffe im Griechischen wie im Deutschen gleichzeitig meist auch in der Alltagssprache verwendet. Bei näherem Hinsehen zeigt sich denn auch oft, dass der Kontext der jeweiligen Stelle kein weiteres Kriegsvokabular enthält, so dass eine Übersetzung ohne militärische Ausrichtung angebracht wäre. Die Texte werden damit nicht zuletzt auch geschlechtergerechter, ist doch der Krieg mit patriarchalen Denkmustern verbunden.

5.1.1 Streiten statt Krieg führen

Krieg führen, in den Kampf ziehen u. ä. sind starke Begriffe, die Bilder von konkreten Kriegssituationen evozieren. Im Unterschied dazu sind die Verben *kämpfen* oder *streiten* zur Bezeichnung intellektueller oder abstrakter Auseinandersetzungen in den allgemeinen Sprachgebrauch übergegangen.

Die folgenden Beispiele zeigen, dass die kriegerischen Bilder oft gar nicht in den Kontext passen, so dass die neutraleren Begriffe *streiten, Streit suchen* das griechische Verb (ἀντι)στρατεύομαι *(anti)strateuomai* adäquater wiedergeben.[32]

Die vor 2Kor 10,1 gesetzte Überschrift *Kampfansage* verleiht der folgenden streitbaren Rede von Paulus einen ungerechtfertigten aggressiven Anstrich. Zwar zieht Paulus in diesem Abschnitt den Krieg als Metapher heran (s. u. im nächsten Abschnitt die Erörterung zu 2Kor 10,4), doch ist die Titelformulierung im Unterschied zum folgenden Text nicht ohne weiteres als Bildsprache erkennbar, sondern wird in wörtlichem Sinn verstanden.

Röm 7,23	… in meinen Gliedern aber nehme ich ein anderes Gesetz wahr, das *Krieg führt* gegen das Gesetz meiner Vernunft …	… in meinen Gliedern aber nehme ich ein anderes Gesetz wahr, das **streitet** gegen das Gesetz meiner Vernunft …
Ü 2Kor 10,1	*Eine Kampfansage*	**Entschiedenes Auftreten**
Jak 4,1	Woher kommen denn die heftigen Auseinandersetzungen unter euch, woher die Machtkämpfe? Doch von den Begierden, die in euren Gliedern *zum Krieg rüsten*!	Woher kommen denn die heftigen Auseinandersetzungen unter euch, woher die Machtkämpfe? Doch von den Begierden, die in euren Gliedern **Streit suchen**!
1Petr 2,11	Meine Geliebten, ich ermahne euch als Fremdlinge in fremdem Land: Haltet euch fern von den sinnlichen Begierden, die gegen die Seele *zum Kampf rüsten*!	Meine Geliebten, ich ermahne euch als Fremdlinge in fremdem Land: Haltet euch fern von den sinnlichen Begierden, die gegen die Seele **Streit suchen**!

5.1.2 Werkzeug statt Waffe

Das griechische Wort ὅπλον *hoplon* bezeichnet zunächst einfach ein *Gerät* oder *Werkzeug*, dann jedoch im Besonderen auch ein Kriegswerkzeug, eine *Waffe*. Während der Verwendungszweck eines *Werkzeugs* neutral ist, dienen

---

[32] Mit *streiten* und *widerstreiten* übersetzt in den aufgeführten Beispielen auch die Zürcher Bibel von 1931.

Waffen der Vernichtung und Zerstörung. Die Verwendung des Begriffs *Waffe* in einem nichtkriegerischen Zusammenhang assoziiert ein destruktives Welt- und Gottesbild.

Zwar gibt es zweifellos auch Stellen, die einen abstrakten Sachverhalt anhand eines kriegerischen Bildes veranschaulichen (vgl. 2Kor 10,4), doch ist an anderen Stellen der kriegerische Kontext weniger eindeutig. Während im ersten Fall eine Übersetzung mit dem Begriff *Waffen* angebracht ist, ziehen wir andernorts den Begriff *Werkzeug* vor. Vor allem die Wendung *Waffen der Gerechtigkeit* ist eine sehr problematische Formulierung (vgl. Röm 6,13; 2Kor 6,7).

Die folgenden Beispiele zeigen, dass die entsprechenden Stellen in keine kriegerischen Zusammenhänge eingebettet sind. So spricht Paulus in 2Kor 6,6 von *Geduld, Güte* und *ungeheuchelter Liebe*. Auch Röm 13,12f macht deutlich, dass der Ausdruck *Waffen des Lichtes* unangebracht ist, wenn es heisst, dass sich *Streit und Zank* für den Tag nicht geziemen. Waffen sind ja gerade Instrumente des Streites und Zeichen der Kampfbereitschaft.

Röm 6,13	Stellt auch nicht eure Glieder der Sünde zur Verfügung als *Waffen* der Ungerechtigkeit … Stellt eure Glieder Gott zur Verfügung als *Waffen* der Gerechtigkeit.	Stellt auch nicht eure Glieder der Verirrung zur Verfügung als **Werkzeuge** der Ungerechtigkeit … Stellt eure Glieder Gott zur Verfügung als **Werkzeuge** der Gerechtigkeit.
Röm 13,12f	Lasst uns also ablegen die Werke der Finsternis und *anziehen die Waffen* des Lichts! Wir wollen unser Leben führen, wie es sich für den Tag geziemt, nicht mit Ess- und Trinkgelagen, nicht mit Orgien und Ausschweifungen, nicht mit Streit und Hader.	Lasst uns also ablegen die Werke der Finsternis und **uns ausstatten mit Werkzeugen** des Lichts! Wir wollen unser Leben führen, wie es sich für den Tag geziemt, nicht mit Ess- und Trinkgelagen, nicht mit sexueller Unersättlichkeit und mit Ausschweifungen, nicht mit Streit und Hader.

2Kor 6,6–8	… in Geduld, in Güte, im heiligen Geist, in ungeheuchelter Liebe, im Wort der Wahrheit und in der Kraft Gottes; mit den *Waffen* der Gerechtigkeit in der Rechten und in der Linken, ob wir anerkannt oder abgelehnt, verleumdet oder gelobt werden!	… in Geduld, in Güte, in der heiligen Geistkraft, in ungeheuchelter Liebe, im Wort der Wahrheit und in der Kraft Gottes; mit den **Werkzeugen** der Gerechtigkeit in der Rechten und in der Linken, ob wir anerkannt oder abgelehnt, verleumdet oder gelobt werden!
2Kor 10,4	Denn die **Waffen**, die wir auf unserem Feldzug mitführen, sind nicht irdisch, sondern dienen Gott dazu, Bollwerke niederzureissen. Ja, grossartige Gedankengebäude reissen wir nieder …	

5.2 GEWALT

Das griechische Wort βία *bia* bezeichnet sowohl die Körperkraft, vor allem von starken Männern, wie auch den aggressiven Einsatz derselben, die Gewalttätigkeit.

In Apg 21,35 ist im Zusammenhang der Verhaftung von Paulus in Jerusalem von der *Gewalt der Volksmenge* (βία τοῦ ὄχλου *bia tou ochlou*) die Rede. Obwohl die Interpretation der NZB, die vom *gewalttätigen Volk* spricht, nicht ausgeschlossen werden kann, wiegt der damit verknüpfte Vorwurf der Gewalttätigkeit schwer, so dass es unseres Erachtens angebracht ist, die Bedeutung in der Schwebe zu halten, in der sie auch im griechischen Text steht:[33] Anstelle von handgreiflicher Gewalt kann nämlich auch die physikalische Kraft (Wucht) einer grossen Menschenmenge gemeint sein, hinter der keine psychisch gewalttätige Absicht steckt. Dem entspricht Apg 27,41, wo der Begriff βία *bia* die *Gewalt der Wellen* bezeichnet.[34] In Verbindung mit dem Begriff *Volk* birgt die in Apg 21,35 gewählte Formulierung ausserdem die Gefahr, dass ein bestimmtes Volk als tendenziell gewalttätig wahrgenom-

---

[33] Auch die Zürcher Bibel von 1931 spricht neutraler von der *Wucht der Volksmasse*.

[34] Der Begriff βία *bia* kommt im Neuen Testament nur dreimal vor (Apg 5,26; 21,35; 27,41). In Apg 5,26 bezeichnet der Begriff die physische Gewalt von Menschen, in 27,41 die Gewalt von Wassermassen.

men wird. Dabei fokussiert der Text nicht eine ethnische Gruppe, sondern eine *Volksmenge* (so auch die NZB in Apg 21,34).

Apg 21,35	Als dieser aber an die Freitreppe kam, musste er von den Soldaten getragen werden, *denn das Volk wurde gewalttätig.*	Als dieser aber an die Freitreppe kam, musste er von den Soldaten getragen werden **wegen der Gewalt der Menge**.

5.3 GEWALTFREIE BEZIEHUNGEN

Hierarchien mit Gewalt aufrechtzuerhalten bedeutet *Unterdrückung* bzw. *Unterwerfung*. Der Machtgewinn der Oberen basiert auf der *Erniedrigung* der Untergebenen. Die neutestamentliche Botschaft ist eine befreiende Botschaft. Wir erachten deshalb Begriffe wie *unterwerfen, niederwerfen, sich erniedrigen*, die das Verhältnis Gott – Mensch in einen gewaltsamen Kontext stellen, als problematisch, zumal die griechischen Verben in erster Linie gewaltfreie Handlungen bezeichnen.

5.3.1 Unterordnen statt unterwerfen

Das griechische Verb ὑποτάσσω *hypotassō* heisst *unterordnen*. Werden Menschen mit Gewalt untergeordnet, sprechen wir von *unterwerfen*. Während die NZB das Verb im Allgemeinen mit *unterordnen* übersetzt (z. B. 1Kor 14,34, Jak 4,7), wählt sie in Hebr 2,8 den Begriff *unterwerfen*. Auch wenn im Hintergrund dieser Textstelle möglicherweise ein Gottesbild steht, das von altorientalischen Herrscher- und Königsvorstellungen geprägt ist, gibt der Textzusammenhang von Hebr 2 keinerlei Anlass, den gewaltorientierten Begriff dem neutraleren vorzuziehen. Das Verb *unterwerfen* beschwört das Bild eines Gottes, der Macht mit Gewalt ausübt.

Hebr 2,8 zitiert eingangs Ps 8,7. Auch in diesem Psalmzitat verwendet der griechische Text das Verb ὑποτάσσω *hypotassō*. Die NZB übersetzt – ausgehend vom Bild des Psalms – mit *unter die Füsse legen*. Auch diese Wortwahl ist unseres Erachtens problematisch: Das Bild, dass etwas (bzw. alles) *unter die Füsse* gelegt wird, suggeriert, dass die regierende Person ihren Fuss darauf stellt, eine Siegerpose, die aus heutiger Perspektive Verachtung demonstriert. Demgegenüber drückt die Wendung *zu Füssen legen* vor allem Ehrerbietung aus, die nicht unbedingt erzwungen sein muss, auch wenn sie immer noch von einem grossen Machtgefälle zeugt.

1Kor 14,34	Denn es ist ihnen nicht erlaubt zu reden, sie sollen sich vielmehr **unterordnen**, wie auch das Gesetz es sagt.	
Jak 4,7	**Ordnet** euch also Gott **unter** und widersteht dem Teufel, so wird er vor euch fliehen!	
Hebr 2,8	… alles hast du ihm *unter die Füsse gelegt* (Ps 8,7). Denn als er ihm das All *unterwarf*, hat er ihm alles ohne Ausnahme *unterworfen*. Zwar sehen wir jetzt noch nicht, dass ihm das All *unterworfen* ist …	… alles hast du ihm **zu Füssen gelegt** (Ps 8,7). Denn als er ihm das All **unterordnete**, hat er ihm alles ohne Ausnahme **untergeordnet**. Zwar sehen wir jetzt noch nicht, dass ihm das All **untergeordnet** ist …

5.3.2 Niedrig machen statt erniedrigen

Neutestamentliche Texte kennen die ehrfürchtige Haltung der Menschen, vor Gott ihre Niedrigkeit zu betonen, *sich niedrig zu machen*, ein Verhalten, das nichts zu tun hat mit *Selbsterniedrigung* (vgl. NZB in Lk 1,48). Während eine *Erniedrigung* – und so nicht weniger die Selbsterniedrigung – mit Entwürdigung und Verachtung einhergeht, steht, wer sich niedrig macht, immer noch in einem positiven Selbstbezug. Sich niedrig zu machen tangiert nicht Wert und Würde des Menschen, sondern ist eine bewusste Haltung gegenüber andern und Gott. Das griechische Verb (ταπεινόω *tapeinoō*) wird in der NZB teilweise auch mit *demütigen* übersetzt; wir ziehen *niedrig machen* vor (vgl. 2Kor 12,21).

Mt 23,12	Wer sich selbst erhöht, wird *erniedrigt* werden, und wer sich *selbst erniedrigt*, wird erhöht werden.	Wer sich selbst erhöht, wird **niedrig gemacht** werden, und wer sich **selbst niedrig macht**, wird erhöht werden.
Lk 1,48	… denn hingesehen hat er auf die **Niedrigkeit** seiner Magd [Dienerin].	
2Kor 11,7	Oder habe ich einen Fehler gemacht, als ich *mich erniedrigte*, damit ihr erhöht würdet …	Oder habe ich einen Fehler gemacht, als ich **mich niedrig machte**, damit ihr erhöht würdet …

2Kor 12,21	Ich möchte aber nicht, dass mein Gott mich, wenn ich wieder komme, vor euch *demütigt* …	Ich möchte aber nicht, dass mein Gott mich, wenn ich wieder komme, vor euch **niedrig macht** …
Phil 2,8	Er *erniedrigte sich* und wurde gehorsam bis zum Tod, bis zum Tod am Kreuz.	Er **machte sich niedrig** und wurde gehorsam bis zum Tod, bis zum Tod am Kreuz.
Jak 1,9f	Der Bruder, der niedrigen Standes ist, rühme sich seiner Erhöhung, der Reiche aber rühme sich seiner *Erniedrigung*, denn er wird vergehen wie die Blume des Feldes.	Es mögen sich rühmen ihrer Hoheit der Bruder und die Schwester von niedrigem Stand, die Reichen aber sollen sich ihrer **Niedrigkeit** rühmen, denn sie werden vergehen wie die Blume des Feldes.
Jak 4,10	*Erniedrigt euch* vor dem Herrn, und er wird euch erhöhen.	**Macht euch niedrig** vor dem Höchsten, und er wird euch erhöhen.

5.3.3 Niederfallen statt sich niederwerfen

Sich vor einem Menschen *niederzuwerfen* bedeutet eine grosse Unterwürfigkeit; eine Gottheit wird mit derselben Geste *angebetet*. Das Griechische verwendet den Begriff προσκυνέω *proskyneō* (vgl. *Proskynese*). Ob in einem bestimmten Kontext eher die konkrete Körperbewegung oder die mit ihr zum Ausdruck gebrachte Verehrung im Vordergrund steht, ist nicht immer eindeutig auszumachen (z. B. Mt 14,33, wo auch mit *anbeten* übersetzt werden könnte).

Wird die körperliche Geste hervorgehoben, bezeichnen wir diese als *niederfallen*, denn das Verb *sich niederwerfen* steht in einem engen Zusammenhang mit *Unterwerfung* und *Erniedrigung* (vgl. Mt 8,2). Mit *niederfallen* übersetzt auch die NZB in Mt 9,18. Die Übersetzung von προσκυνέω *proskyneō* mit *anbeten* passt sehr gut in den Kontext der Gottesverehrung (z. B. Engel vor Gott: Hebr 1,6). Die Begriffe *huldigen* und *die Knie beugen* sind unseres Erachtens veraltet und deshalb zu ersetzen (s. u. Abschnitt 8.10).

Mt 8,2	Und da kam ein Aussätziger auf ihn zu, *warf sich vor ihm nieder* und sagte …	Und da kam ein Aussätziger auf ihn zu, **fiel vor ihm nieder** und sagte …

Mt 9,18	Während er so mit ihnen redete, kam ein vornehmer Mann, **fiel vor ihm nieder** und sagte …	
Mt 14,33	Die aber im Boot waren, **fielen vor ihm nieder** und sagten: Ja, du bist wirklich Gottes Sohn!	
Mk 15,19	Und sie schlugen ihn mit einem Rohr aufs Haupt, spuckten ihn an, beugten die Knie und *huldigten ihm.*	Und sie schlugen ihn mit einem Rohr aufs Haupt, spuckten ihn an, **fielen vor ihm nieder** auf die Knie.
Hebr 1,6	Und *beugen sollen ihre Knie vor ihm* alle Engel Gottes.	Und **anbeten** sollen **ihn** alle Engel Gottes.

6. Sexualmoral

«Die Bibel mit ihrer Sexualmoral!» Das Klischee von der körper- und sexual-feindlichen Ausrichtung biblischer Schriften ist weit verbreitet. Umso vorsichtiger gilt es mit den entsprechenden Texten umzugehen.

Wenn von *Huren* und *Dirnen* oder von *Verführung* die Rede ist, gerät an erster Stelle die Frau ins Zwielicht. Das Vokabular ist häufig asymmetrisch geprägt; verfemt wird die *Hure* und nicht der *Freier*. Wir versuchen im Folgenden, Übersetzungen zu vermeiden, die Frauen diskriminieren. Dabei sind wir uns jedoch bewusst, dass sich die Sexualmoral zur Zeit des Urchristentums von der heutigen unterscheidet und Schimpfwörter wie *Hure* durchaus im Sinn der Texte sein können.

6.1 GLEICHE MASSSTÄBE FÜR MANN UND FRAU

Vom griechischen Wortfeld πορνεία *porneia* (*Unzucht*), πορνεύω *porneuō* (*Unzucht treiben*), πόρνη *pornē* (*Unzüchtige, Hure*), πόρνος *pornos* (*Unzüchtiger*) stammt auch unser Fremdwort *Pornographie*. Πορνεία *porneia* bezeichnet ein sittenwidriges sexuelles Verhalten. Es wird im Neuen Testament im gleichen Atemzug mit Diebstahl und Mord genannt (z. B. Mk 7,21), meint also ein schweres Vergehen, das die Übersetzung mit *Unzucht* rechtfertigt.

6.1.1 Unzucht

Die Begriffe πορνεία *porneia* und πορνεύω *porneuō* werden von der NZB an verschiedenen Stellen mit *Unzucht* bzw. *Unzucht treiben* übersetzt. Der harte Begriff lässt an sexuelle Straftaten denken, was dem jeweiligen Kontext entspricht (Mk 7,21: *Diebstahl, Mord*). Wir ziehen diese Übersetzung auch für 1Kor 6,18 vor und lehnen die sexistischen Formulierungen *Weg zur Dirne* und *zur Dirne gehen* ab, verbinden sie doch den Aspekt der Verwerflichkeit eng mit der Frau, die an dieser Stelle gar nicht genannt wird.

Mk 7,21	Denn aus dem Innern, aus dem Herzen der Menschen, kommen die bösen Gedanken, **Unzucht**, Diebstahl, Mord …
Joh 8,41	Wir sind nicht aus **Unzucht** hervorgegangen; wir haben einen einzigen Vater, Gott.

1Kor 6,18	Meidet *den Weg zur Dirne*! Jeder Fehler, den ein Mensch begeht, betrifft nicht seinen Leib. Wer aber *zur Dirne geht*, vergeht sich am eigenen Leib.	Flieht vor **der Unzucht**! Jeder Fehler, den ein Mensch begeht, betrifft nicht seinen Leib. Wer aber **Unzucht treibt**, vergeht sich am eigenen Leib.
Offb 17,2	Mit ihr haben die Könige der Erde **Unzucht getrieben** …	

6.1.2 Der Unzüchtige und die Hure

Die griechischen Begriffe πόρνη *pornē* und πόρνος *pornos* bezeichnen Frauen und Männer, die sich sexuell sittenwidrig verhalten, was zu biblischer Zeit als Unzucht gewertet wird. Die NZB übersetzt den weiblichen Begriff πόρνη *pornē* mit *Dirne* oder *Hure*, während sie beim männlichen Begriff πόρνος *pornos* den verharmlosenden Begriff *Unzüchtiger* wählt. Die Symmetrie der Wörter und ihrer Bedeutung geht dabei verloren. Allerdings ist es nicht einfach, adäquate deutsche Ausdrücke zu finden.

Für die Frau, die sich sexuell sittenwidrig verhält, ist *Hure* der stärkste Begriff; er wird denn auch als Schimpfwort gebraucht. Diese pejorative Ausrichtung stimmt mit der Absicht der Texte häufig überein (z. B. Offb 17,1.5 oder Mt 21,31, wo die *Huren* in einem Atemzug mit den ebenfalls geächteten Zöllnern genannt werden). Demgegenüber beinhaltet der schillernde Begriff *Dirne* keine klare moralische Verurteilung, wie es die Absicht der biblischen Texte ist. Wir ziehen deshalb den eindeutigen Begriff *Hure* vor.[35]

Den Begriff πόρνος *pornos* im Plural übersetzt die NZB meist mit *Unzüchtige* oder mit der Verbalumschreibung *die Unzucht treiben* (vgl. die Beispiele aus 1Kor 5f). Wir ziehen letztere Lösung vor, da der Begriff *Unzüchtiger* lediglich eine anrüchige Person bezeichnet, den Tatbestand selbst aber verharmlost.

Wer 1Kor 6,9 nach NZB liest, muss annehmen, dass der sexuelle Verkehr mit Männern allgemein vom Reich Gottes ausschliesst. Das griechische Wort ἀρσενοκοίτης *arsenokoitēs* lässt sich mit *Kinderschänder* übersetzen, womit ein auch heute gültiger Straftatbestand bezeichnet ist.

In Offb 14,4 werden Männer erwähnt, die sexuell enthaltsam leben. Die Formulierung *sich mit Frauen beflecken* ist zu präzisieren: *sich im Verkehr mit Frauen beflecken*, denn es sind nicht die Frauen, die die Flecken verursa-

---

[35] Der Begriff *Prostituierte* ist unseres Erachtens zu formal, um als Alternative in Betracht gezogen zu werden.

chen, sondern der Makel entsteht, indem die Männer im Geschlechtsakt mit Frauen ihre Unberührtheit preisgeben.

Mt 21,31	Die Zöllner und *Dirnen* kommen vor euch ins Reich Gottes.	Die Zöllner und **Huren** kommen vor euch ins Reich Gottes.
Lk 15,30	Aber nun, da dein Sohn heimgekommen ist, der da, der dein Vermögen mit **Huren** verprasst hat, hast du für ihn das Mastkalb geschlachtet.	
1Kor 5,9	Ich habe euch in meinem Brief geschrieben, dass ihr keinen Umgang mit *Unzüchtigen* haben sollt …	Ich habe euch in meinem Brief geschrieben, dass ihr keinen Umgang haben sollt mit **solchen, die Unzucht treiben** …
1Kor 5,11	Ihr sollt keinen Umgang haben mit jemandem, der sich Bruder [oder Schwester] nennt und dabei **Unzucht treibt** oder Besitz rafft, die nichtigen Götter verehrt, andere beschimpft, trinkt oder andere beraubt …	
1Kor 6,9	Wer **Unzucht treibt**, die nichtigen Götter verehrt, die Ehe bricht, sich gehen lässt, *mit Männern schläft* …	Wer **Unzucht treibt**, die nichtigen Götter verehrt, die Ehe bricht, sich gehen lässt, **Kinder schändet** …
1Kor 6,15	Soll ich nun die Glieder des Christus nehmen und sie zu Gliedern einer *Dirne* machen? Gewiss nicht!	Soll ich nun die Glieder des Christus nehmen und sie zu Gliedern einer **Hure** machen? Gewiss nicht!
Hebr 11,31	Durch Glauben ist die *Dirne* Rahab nicht mit den Ungehorsamen zusammen umgekommen …	Durch Glauben ist die **Hure** Rahab nicht mit den Ungehorsamen zusammen umgekommen …
Hebr 12,16	… und dass *kein Unzüchtiger* oder Gottloser unter euch sei, einer wie Esau, der für ein einziges Essen sein Erstgeburtsrecht hergab.	… und dass **niemand** unter euch **Unzucht treibe oder gottlos** sei, einer wie Esau, der für ein einziges Essen sein Erstgeburtsrecht hergab.

Jak 2,25	Wurde nicht ebenso auch die *Dirne* Rahab aus Werken gerecht, weil sie die Boten aufnahm und auf einem anderen Weg weiterschickte?	Wurde nicht ebenso auch die **Hure** Rahab aus Taten gerecht, weil sie die Boten aufnahm und auf einem anderen Weg weiterschickte?
Offb 14,4	Es sind die, die sich nicht *mit Frauen* befleckt haben; jungfräulich sind sie geblieben.	Es sind die, die sich nicht **im Verkehr mit Frauen** befleckt haben; unberührt sind sie geblieben.
Offb 17,1	Komm, ich will dir das Gericht über die grosse **Hure** zeigen, die an vielen Wassern sitzt.	
Offb 17,5	Und auf ihre Stirn war ein Name geschrieben, ein Geheimnis: Babylon die Grosse, Mutter der **Huren** und Greuel der Erde.	

6.2 Hineingedeutete Sexualmoral

In einigen Texten ist der zu übersetzende griechische Begriff nicht eindeutig im Wortfeld der Sexualmoral verankert. Hier gilt es, den Text nicht zusätzlich zu befrachten, sondern eine möglichst neutrale Übersetzung zu wählen.

6.2.1 In die Irre führen statt verführen

«Lassen Sie sich verführen!» – eine positive Botschaft aus der modernen Werbesprache. Wir sollen uns etwas Angenehmes gönnen, das nicht in den geregelten Tagesablauf gehört; dabei ein schlechtes Gewissen zu haben wäre unangebracht. In der Aussage liegt allerdings insofern eine Provokation, als die Grundbedeutung von *verführen* durchaus mitschwingen soll: durch positiven Anreiz zu moralisch verwerflichem Verhalten verleiten.

Auch ausserhalb der Werbung wird Frauen gerne die Rolle der Verführerin zugeschrieben. Sie wird als Eva dargestellt – oder auch gleich als Schlange, die daran schuld ist, wenn Adam in den Apfel beisst. Nicht selten werden so Opfer zu Täterinnen gemacht. Wer sich dieser Tatsache bewusst ist, wird mit dem Wort *verführen* sehr vorsichtig umgehen.

Das griechische Verb πλανάω *planaō*, das die NZB oft mit *verführen* übersetzt, heisst in seiner Grundbedeutung *irreführen, täuschen*. Der positive Anreiz, den die *Verführung* betont, steht bei der *Täuschung* im Hintergrund, auch die sexuelle Konnotation ist blasser. Obwohl die NZB an einigen Stellen πλανάω *planaō* mit *in die Irre führen, täuschen* bzw. *irren, sich verirren* übersetzt, weicht sie an anderen davon ab. Während die falsche Prophetin

Isebel in Offb 2,20 *verführt*, *führt* ihr männlicher Berufskollege in Offb 19,20 *in die Irre*. Der Kontext von Offb 2,20 erwähnt, dass Isebel lehrt (διδάσκω *didaskō*), was für eine Übersetzung von πλανάω *planaō* mit *in die Irre führen* statt mit *verführen* spricht.

Mt 18,12	Wenn einer [jemand] hundert Schafe hat, und es **verirrt sich** eines von ihnen …	
Mt 24,4	Gebt acht, dass niemand euch **in die Irre führt**!	
Mt 24,11	Und viele falsche Propheten werden aufstehen, und sie werden viele **in die Irre führen**.	
Mk 12,24	**Irrt** ihr nicht darum, weil ihr weder die Schriften noch die Macht [Kraft] Gottes kennt?	
Joh 7,12	… er *verführt* das Volk.	… er **führt** das Volk **in die Irre**.
Joh 7,47	Habt etwa auch ihr euch *verführen* lassen?	Habt etwa auch ihr euch **in die Irre führen** lassen?
1Kor 6,9	**Täuscht** euch nicht!	
Offb 2,20	Aber ich habe dir vorzuwerfen, dass du die Isebel gewähren liessest, die sich Prophetin nennt und die als Lehrerin auftritt und meine Knechte dazu *verführt*, sich der Unzucht hinzugeben und Fleisch zu essen, das den Göttern geweiht ist.	Aber ich habe dir vorzuwerfen, dass du die Isebel gewähren liessest, die sich eine Prophetin nennt und lehrt und jene **in die Irre führt**, die mir dienen, so dass sie sich der Unzucht hingeben und Fleisch essen, das den Göttern geweiht ist.
Offb 12,9	… die alte Schlange, die auch Teufel oder Satan heisst und den ganzen Erdkreis *verführt*.	… die alte Schlange, die auch Teufel oder Satan heisst und den ganzen Erdkreis **irreführt**.
Offb 18,23	… durch deine Zauberkünste liessen sich *verführen* alle Völker.	… durch deine Zauberkünste liessen sich alle Völker **irreführen**.
Offb 19,20	Und das Tier wurde überwältigt und mit ihm der falsche Prophet, der die Zeichen vor ihm getan und durch sie alle **in die Irre geführt** hatte …	

Dieselben Überlegungen gelten für das Substantiv πλάνος *planos* (Mt 27,63; 2Kor 6,8; 2Joh 1,7), das die Person bezeichnet, die in die Irre führt, sowie für die Verben διαστρέφω *diastrephō* (Lk 23,2) und ἀπατάω *apataō* (Jak 1,26), die eine ähnliche Tätigkeit bezeichnen wie πλανάω *planaō*.

Mt 27,63	Herr [Höchster], wir haben uns erinnert, dass jener **Betrüger**, als er noch lebte, gesagt hat: Nach drei Tagen werde ich auferweckt.	
Lk 23,2	Wir haben festgestellt, dass dieser unser Volk *verführt* …	Wir haben festgestellt, dass dieser unser Volk **in die Irre führt** …
2Kor 6,8	… ob wir anerkannt oder abgelehnt, verleumdet oder gelobt werden! Wie *Verführer* sind wir, und doch wahrhaftig …	… ob wir anerkannt oder abgelehnt, verleumdet oder gelobt werden! Wie **Betrüger und Betrügerinnen** sind wir, und doch wahrhaftig …
2Joh 1,7	Denn viele *Verführer* sind hinausgegangen in die Welt, die sich nicht zu dem im Fleisch kommenden Jesus Christus bekennen; das ist der *Verführer* und der Antichrist.	Denn viele, **die in die Irre führen**, sind hinausgegangen in die Welt, die sich nicht zu dem in Fleisch und Blut kommenden Jesus Christus bekennen; das ist der **Betrüger** und der Antichrist.
Jak 1,26	Wer meint, fromm zu sein, seine Zunge aber nicht im Zaum hält, sondern sein Herz **betrügt**, dessen Frömmigkeit ist leerer Wahn.	

6.2.2 Ärgernis statt Verführung

Auch den Begriff σκάνδαλον *skandalon* übersetzt die NZB mit *Verführung*. Adäquater ist unseres Erachtens der Begriff *Ärgernis*, mit dem an bestimmten Stellen auch die NZB übersetzt (z. B. Röm 16,17; Gal 5,11). Das Verb σκανδαλίζω *skandalizō* in Lk 17,2 gibt die NZB hingegen nicht mit *verführen*, sondern mit *zu Fall bringen* wieder, was wir begrüssen.

Mt 18,7	Wehe der Welt um der *Verführungen* willen! *Verführung* muss zwar sein, doch wehe dem Menschen, durch den die *Verführung* kommt!	Wehe der Welt um der **Ärgernisse** willen! **Ärgernisse** müssen zwar sein, doch wehe dem Menschen, durch den das **Ärgernis** kommt!
Ü Lk 17,1	*Von Verführung und Vergebung*	**Aufforderung zur Vergebung**
Lk 17,1	*Verführung* wird kommen, sie ist unabwendbar, aber wehe dem, durch den sie kommt!	**Ärgernisse** werden kommen, sie sind unabwendbar, aber wehe dem, durch den sie kommen!
Lk 17,2	Es wäre besser für ihn, wenn ihm ein Mühlstein um den Hals gehängt und er ins Meer geworfen würde, als dass er einen von diesen Geringen **zu Fall bringt**.	
Röm 14,13	Achtet vielmehr darauf, dem Bruder keinen Anstoss zu geben und ihn nicht zu *verführen*.	Achtet vielmehr darauf, dem Bruder oder der Schwester keinen Anstoss oder **kein Ärgernis** zu geben.
Röm 16,17	Habt ein Auge auf die, welche Anlass zu Spaltung und **Ärgernis** geben …	
Gal 5,11	Dann wäre ja das **Ärgernis** des Kreuzes beseitigt!	

7. Theologische Fachbegriffe

Einige Begriffe, die in den verschiedensten Bibelübersetzungen breit zum Zuge kommen, haben in der heutigen Umgangssprache eine Bedeutung, die vom biblischen Sprachgebrauch stark abweicht. *Gnade, Fleisch* und *Sünde* sind zu eigentlichen theologischen Fachbegriffen geworden, die bibelfernen Menschen gegenüber erklärt werden müssen. Während unserer feministischen Lesung der NZB sind wir immer wieder über diese zentralen Begriffe gestolpert und finden es deshalb unverzichtbar, auch diese kritisch zu reflektieren. Die Schwierigkeit solcher Begriffe besteht nicht darin, dass sie gar nicht mehr verstanden werden, sondern dass sie in ihrer vermeintlichen Verständlichkeit problematische Assoziationen auslösen. Wir versuchen, für diese Begriffe alternative Übersetzungen zu finden, die ihren ursprünglichen Sinn wieder zu Tage fördern. Dabei nehmen wir den Verlust vertrauter Kirchensprache in Kauf.

7.1 GNADE

In der heutigen Umgangssprache gehört der Begriff *Gnade* in den juristischen Bereich und rechnet mit der Schuld einer Person, die grosszügig erlassen wird: *Gnade* meint *mit Herablassung gewährte Gunst, Milde, Nachsicht, Amnestie, Begnadigung, Straferlass, Vergebung, Verzeihung.* Auch Wendungen wie *Gnade dir Gott!* und *Gnade vor Recht* oder der Begriff *Gnadenfrist* verweisen auf diese Wortbedeutung. Etwas ganz anderes als eine herablassende, nachsichtige Geste bezeichnet jedoch der griechische Begriff χάρις *charis*, mit dem die Schriften des Neuen Testaments Gottes Hinwendung zu den Menschen wiedergeben. Das Bedeutungsfeld des griechischen Begriffs umfasst verschiedene, durchwegs positive und wenig technische Werte: *Grazie, Gefälligkeit, Gnade, Geschenk, Gnadengabe, Liebesgabe, Liebesdienst, Huld, Gunst, Wohlwollen, Erkenntlichkeit, Dank, Lohn.* Der Begriff *Gnade* nimmt aus diesem reichen Bedeutungsfeld nur den juristischen Aspekt auf und lenkt so den Sinn der jeweiligen Bibelpassagen in eine problematische Richtung. Zu bevorzugen ist eine Übersetzung, die die verschiedenen Bedeutungsaspekte von χάρις *charis* möglichst umfassend wiedergibt, ohne sich auf eine einzelne Bedeutung festzulegen. Der Begriff *Zuwendung* erfüllt dieses Anliegen unseres Erachtens am besten und bleibt offen für die unterschiedlichsten Kontexte.[36]

7.1.1 Zuwendung

Das Substantiv χάρις *charis* kann statt mit *Gnade* durchgehend mit *Zuwendung* übersetzt werden.

Lk 1,30	Fürchte dich nicht, Maria, denn du hast *Gnade* gefunden bei Gott.	Fürchte dich nicht, Maria, denn du hast **Zuwendung** gefunden bei Gott.
Röm 5,15	Anders aber als mit dem Fall verhält es sich mit dem, was die *Gnade* wirkt ...	Anders aber als mit der Verfehlung verhält es sich mit dem, was die **Zuwendung** wirkt ...
Röm 11,6	Wenn aber durch *Gnade*, dann nicht mehr aufgrund eigenen Tuns, da die *Gnade* sonst nicht mehr *Gnade* wäre.	Wenn aber durch **Zuwendung**, dann nicht mehr aufgrund eigenen Tuns, da die **Zuwendung** sonst nicht mehr **Zuwendung** wäre.
Röm 12,3	Denn ich sage einem jeden unter euch kraft der mir verliehenen *Gnade* ...	Denn ich sage jedem und jeder einzelnen unter euch kraft der mir verliehenen **Zuwendung** ...
Gal 1,3	*Gnade* sei mit euch und Friede von Gott, unserem Vater, und dem Herrn Jesus Christus ...	Mit euch sei **Zuwendung** und Friede von Gott, unserem Vater, und dem Höchsten Jesus Christus ...
Gal 2,21	Ich will die *Gnade* Gottes nicht *ausser Kraft setzen*.	Ich will die **Zuwendung** Gottes nicht **zurückweisen**.
Jak 4,6	Doch *in reichlicherem Mass teilt er seine Gnade aus* ...	Doch **er schenkt noch grössere Zuwendung** ...

---

[36] Es besteht die geringe Gefahr, dass der Begriff an einigen Stellen pekuniär missverstanden werden könnte (*ich habe eine Zuwendung gemacht...*).

Offb 22,21	Die *Gnade* des Herrn Jesus sei mit allen.	Die **Zuwendung** des Höchsten Jesus sei mit allen.

7.1.2 Sich zuwenden

Das zu χάρις *charis* gehörende griechische Verb χαρίζομαι *charizomai* wird im allgemeinen mit *schenken* übersetzt. In Gal 3,18 passt die Übersetzung mit *Zuwendung* bzw. mit *sich zuwenden* erneut sehr gut, da an dieser Stelle χαρίζομαι *charizomai* intransitiv gebraucht wird und darum nicht mit *schenken* übersetzt werden kann.

Lk 7,42	Da beide es nicht zurückzahlen konnten, **schenkte** er es beiden.	
Röm 8,32	… wie sollte er uns mit ihm nicht alles **schenken**?	
Gal 3,18	Dem Abraham aber hat sich Gott durch die Verheissung *als gnädig erwiesen.*	Gott hat sich aber Abraham durch die Verheissung **zugewandt**.

7.2 FLEISCH

Wer denkt bei *Fleisch* nicht an ein saftiges Steak? Einige Menschen verbinden mit dem Begriff vielleicht noch die *Fleischwunde* oder die Redewendung *sich ins eigene Fleisch schneiden*. Der deutsche Begriff *Fleisch* bezeichnet in erster Linie die essbaren Teile des tierischen Körpers, während die biblischen Texte mit dem entsprechenden hebräischen oder griechischen Begriff (griechisch: σάρξ *sarx*) nicht nur tote Körpermasse bezeichnen, sondern viel häufiger Menschen (und Tiere) in ihrer Weltverhaftung (z. B. Jer 32,27; Ps 136,25), die auch das Körperliche und Sinnliche umfasst, – also Menschen *aus Fleisch und Blut* (vgl. 1Kor 15,50). *Speisefleisch* wird demgegenüber im Griechischen mit einem gesonderten Begriff (κρέας *kreas*) wiedergegeben (Röm 14,21; 1Kor 8,13).

Der Begriff σάρξ *sarx* bezeichnet bei Paulus pointiert das Verhältnis, das der Mensch zur Welt hat: Er schränkt seinen Blick auf die materiellen Werte ein, ist auf das Sichtbare und Vergängliche fixiert und verwirkt die wahren Dimensionen des Lebens. Der Mensch κατὰ σάρκα *kata sarka* (*nach dem Fleisch*) orientiert sein Leben an den Massstäben der Welt und will nichts von Gott wissen, der Mensch κατὰ πνεῦμα *kata pneuma* (*nach der Geistkraft*) weiss sein Leben – in seiner ganzen Körperlichkeit – auf Gott bezogen. Paulus im Zusammenhang seiner Aussagen zur σάρξ *sarx* Körperfeindlichkeit zu unterstellen wäre falsch, verurteilt er doch die Fixierung der Menschen auf das Verfügbare und keineswegs ihre Körperlichkeit. Diesem Sachverhalt versuchen unsere Übersetzungen gerecht zu werden.

Das Johannesevangelium verwendet den Begriff σάρξ *sarx* in ähnlicher Bedeutung wie Paulus, allerdings ist in den entsprechenden Passagen die materielle Komponente des Begriffs präsenter als bei Paulus, etwa in Joh 3, wo es um die Geburt des Menschen geht (vgl. Joh 3,6).

Im Folgenden werden verschiedene Übersetzungsmöglichkeiten erläutert, denn im Unterschied zu unserer Übersetzung von χάρις *charis* mit *Zuwendung* fehlt für σάρξ *sarx* eine Übersetzungsvariante, die an allen Stellen passt. Je nach Kontext verwenden wir so unterschiedliche Begriffe wie *Lebendiges*, *Körper* oder gar *Knochen* oder umschreiben mit *Weltverhaftung* oder *irdischer Bedingtheit*. Welche Wiedergabe jeweils am treffendsten ist, ergibt sich aus den jeweiligen Zusammenhängen.

7.2.1 Lebewesen aus Fleisch und Blut

Die alttestamentliche Linie fortführend, wird der Begriff σάρξ *sarx* im Neuen Testament oft ohne Wertung gebraucht und bezeichnet das Lebendige, spezifisch den Menschen. Die Übersetzung mit *Sterbliche* kann sehr treffend sein (Joh 17,2). Gelegentlich weist der Begriff σάρξ *sarx* über den Menschen hinaus auf alle Lebewesen, alles Lebendige hin.

Joh 17,2	Denn du hast ihm Macht gegeben über alle **Sterblichen** …	
Apg 2,17	Und es wird geschehen in den letzten Tagen, spricht Gott, da werde ich von meinem Geist ausgiessen über alles *Fleisch*, und eure Söhne und eure Töchter werden weissagen …	Und es wird geschehen in den letzten Tagen, spricht Gott, da werde ich von meiner Geistkraft ausgiessen über alles **Lebendige**, und eure Söhne und eure Töchter werden weissagen …
Röm 3,20	Durch das Tun dessen, was im Gesetz geschrieben steht, wird kein **Mensch** vor ihm gerecht werden …	
1Kor 1,29	… damit kein **Mensch** sich rühme vor Gott.	
1Petr 1,24	Denn *alles Fleisch* ist wie das Gras, und all seine Pracht wie die Blume des Feldes.	Denn **alles, was lebt**, ist wie das Gras, und all sein Glanz wie die Blume des Feldes.

Wo σάρξ *sarx* für den menschlichen Körper steht, übersetzen wir auch mit *Körper* – im Wissen darum, dass damit ein Aspekt des Begriffs σάρξ *sarx* speziell hervorgehoben wird. Doch ergibt sich jeweils deutlich aus dem Kontext, dass *Körper* nicht nur die äussere Form meint, sondern das Wesen des Menschen in seiner Ganzheit. Eine weitere Möglichkeit ist die Übersetzung mit *Körperliches* (Phil 3,3f).

Teilweise legt es sich auch nahe, κατὰ σάρκα *kata sarka* mit *leiblich* zu übersetzen (Röm 1,3; so auch die NZB in Röm 4,1).

Mk 10,8	… und die beiden werden ein *Fleisch* sein. Also sind sie nicht mehr zwei, sondern sie sind ein *Fleisch*.	… und die beiden werden ein **Körper** sein. Also sind sie nicht mehr zwei, sondern sie sind ein **Körper**.
Mk 14,38	Der Geist ist willig, *das Fleisch* aber schwach.	Der Geist ist willig, **der Körper** aber schwach.
Joh 1,13	… die nicht aus Blut, nicht aus dem Wollen des *Fleisches* und nicht aus dem Wollen des Mannes, sondern aus Gott gezeugt sind.	… die nicht aus Blut, nicht aus dem Wollen des **Körpers** und nicht aus dem Wollen des Mannes, sondern aus Gott geboren sind.
Röm 1,3	… das Evangelium von seinem Sohn, der *nach dem Fleisch* aus dem Samen Davids stammt …	… das Evangelium von seinem Sohn, der **leiblich** aus dem Samen Davids geboren ist …
Röm 2,28	… und nicht das ist Beschneidung, was äusserlich am *Fleisch* geschieht …	… und nicht das ist Beschneidung, was äusserlich am **Körper** geschieht …
Röm 4,1	Was sollen wir nun von Abraham sagen, was hat er erlangt, unser **leiblicher** Stammvater?	
Röm 7,18	Denn ich weiss: In mir, das heisst in meinem *Fleisch*, wohnt nichts Gutes.	Denn ich weiss: In mir, das heisst in meinem **Körper**, wohnt nichts Gutes.

Phil 3,3f	Denn die Beschnittenen, das sind wir, die wir im Geist Gottes dienen und unseren Stolz auf Christus Jesus gründen und unser Vertrauen nicht auf *das Fleisch* setzen – dabei hätte ich Grund, auch auf *das Fleisch* zu vertrauen. Wenn irgendeiner sich berechtigt fühlen könnte, auf *das Fleisch* zu vertrauen …	Denn die Beschneidung, das sind wir, die wir in der Geistkraft Gottes dienen und unseren Stolz auf Christus Jesus gründen und unser Vertrauen nicht auf **ein körperliches Zeichen** setzen – dabei hätte ich Grund, auch auf **Körperliches** zu vertrauen. Wenn irgendjemand sich berechtigt fühlen könnte, auf **Körperliches** zu vertrauen …

Obwohl wir *Fleisch* nicht unmittelbar mit *Mensch* in Verbindung bringen, kennen wir die Redewendung *Menschen aus Fleisch und Blut*. In einzelnen Fällen – so etwa bei den schwierigen Stellen im Johannesevangelium – kann diese Wendung zur Übersetzung des griechischen Begriffs σάρξ *sarx* herangezogen werden. Wir sind uns allerdings bewusst, dass insbesondere bei der berühmten Stelle Joh 1,14 diese Neuübersetzung irritierend wirkt.

Auch das Griechische kennt übrigens die Wendung *Fleisch und Blut* (σάρξ καὶ αἷμα *sarx kai haima*) für Mensch (Gal 1,16).

Joh 1,14	… und das Wort, der Logos, wurde *Fleisch* und wohnte unter uns …	… und das Wort wurde **Fleisch und Blut** und wohnte unter uns …
Joh 3,6	Was aus *dem Fleisch* geboren ist, ist *Fleisch* …	Was aus **Fleisch und Blut** geboren ist, ist **Fleisch und Blut** …
Joh 6,63	Der Geist ist es, der lebendig macht, *das Fleisch* vermag nichts.	Die Geistkraft ist es, die lebendig macht, **Fleisch und Blut** vermag nichts.
2Kor 3,3	Ihr seid erkennbar als ein Brief Christi, von uns verfasst, geschrieben nicht mit Tinte, sondern mit dem Geist des lebendigen Gottes, nicht auf Tafeln aus Stein, sondern auf andere Tafeln: in Herzen aus *Fleisch*.	Ihr seid erkennbar als ein Brief Christi, von uns verfasst, geschrieben nicht mit Tinte, sondern mit der Geistkraft des lebendigen Gottes, nicht auf Tafeln aus Stein, sondern auf andere Tafeln: in Herzen aus **Fleisch und Blut**.

| Gal 1,16 | … da beriet ich mich nicht mit *Fleisch und Blut* … | … da beriet ich mich nicht mit **Menschen aus Fleisch und Blut** … |

Schliesslich bietet sich mit *Dasein* bzw. *irdisches Dasein* eine weitere Übersetzungslösung an. Vgl. auch die NZB, die das Adjektiv σαρκικός *sarkikos* in 2Kor 10,4 mit *irdisch* übersetzt.

1Kor 15,39	Nicht alles *Fleisch* ist dasselbe *Fleisch*; anders ist das *Fleisch* der Menschen als das des Viehs, anders das *Fleisch* der Vögel als das der Fische.	Nicht alles **irdische Dasein** ist dasselbe **Dasein**, anders ist das **Dasein** der Menschen als das des Viehs, anders das **Dasein** der Vögel als das der Fische.
2Kor 4,11	Denn immerfort werden wir, die wir doch leben, um Jesu willen in den Tod gegeben, damit auch das Leben Jesu an unserem sterblichen *Fleisch* offenbar werde.	Denn immerfort werden wir, die wir doch leben, um Jesu willen in den Tod gegeben, damit auch das Leben Jesu an unserem sterblichen **Dasein** offenbar werde.
2Kor 5,16	Darum kennen wir von jetzt an niemanden mehr nach dem *Fleisch* …	Darum kennen wir von jetzt an niemanden mehr nach dem **irdischen Dasein** …
2Kor 10,4	Denn die Waffen, die wir auf unserem Feldzug mitführen, sind nicht **irdisch**, sondern dienen Gott dazu, Bollwerke niederzureissen.	

Die Stelle 2Kor 12,7 ist wohl die einzige im Neuen Testament, bei der σάρξ *sarx* mit *Fleisch* übersetzt werden kann, ohne in Verständnisschwierigkeiten zu führen.

| 2Kor 12,7 | Darum wurde mir, damit ich mich nicht überhebe, ein Stachel ins **Fleisch** gegeben … |

7.2.2 Weltverhaftung

Neben diesem neutralen Gebrauch begegnen wir dem Begriff im Neuen Testament auch in wertendem Kontext. Insbesondere Paulus kontrastiert anhand der Begriffe σάρξ *sarx* und πνεῦμα *pneuma* das an weltlichen Massstäben orientierte Leben mit dem Leben in der Geistkraft. Ein Missverständnis wäre es allerdings, dieses Gegenüber als ein Gegenüber von Körper und Geist zu identifizieren und Paulus Körperfeindlichkeit vorzuwerfen. Diesem Missverständnis versuchen unsere Übersetzungen, die mit dem Begriff *Welt* arbeiten, vorzubeugen.

In einigen Fällen lässt sich *Fleisch* unmittelbar durch *Welt* ersetzen. Vgl. auch die NZB, die in 2Kor 11,18 κατὰ σάρκα *kata sarka* mit *im Sinne der Welt* übersetzt.

Röm 7,5	Denn als wir noch im Banne des *Fleisches* lebten …	Denn als wir noch im Banne der **Welt** lebten …
Röm 7,14	Wir wissen ja, dass das Gesetz zum Geist gehört; ich dagegen bin *vom Fleisch bestimmt* – und verkauft unter die Sünde.	Wir wissen ja, dass das Gesetz zur Geistkraft gehört; ich dagegen bin **auf die Welt ausgerichtet** – und verkauft unter die Verirrung.
Röm 8,3–9	**3** Denn was dem Gesetz nicht möglich war, was es mit Hilfe des *Fleisches* nicht schaffte, das ist Wirklichkeit geworden: Gott hat seinen Sohn in Gestalt des von der Sünde beherrschten *Fleisches* gesandt, als Sühnopfer, und verurteilte damit die Sünde im *Fleisch*. **4** So sollte der Rechtsanspruch des Gesetzes erfüllt werden unter uns, die wir unseren Weg nicht nach dem *Fleisch* gehen, sondern nach dem Geist. **5** Die nämlich auf das *Fleisch* ausgerichtet sind, sinnen den Dingen des *Fleisches* nach, die aber auf den Geist ausgerichtet sind, den Dingen des Geistes. **6** Das Sinnen des *Fleisches* ist Tod, das Sinnen des Geistes aber ist Leben und Frieden; **7** ja, das Sinnen und Trachten des *Fleisches*	**3** Denn was dem Gesetz nicht möglich war, was es mit Hilfe der **Welt** nicht schaffte, das ist Wirklichkeit geworden: Gott hat seinen Sohn gesandt in Gestalt des **Menschen** in der Verirrung, und wegen der Verirrung verurteilte er die Verirrung in der **Welt**. **4** So sollte der Rechtsanspruch des Gesetzes erfüllt werden unter uns, die wir unseren Weg nicht nach der **Welt** ausrichten, sondern nach der Geistkraft. **5** Die nämlich auf die **Welt** ausgerichtet sind, sinnen den Dingen der **Welt** nach, die aber auf die Geistkraft ausgerichtet sind, den Dingen der Geistkraft. **6** Das Sinnen der **Welt** ist Tod, das Sinnen der Geistkraft aber ist Leben und Frieden; **7** ja, das Sinnen und Trachten der **Welt**

	ist Feindschaft gegen Gott, denn es unterzieht sich dem Gesetz Gottes nicht, ja, es vermag es nicht. **8** Die aber vom *Fleisch* bestimmt sind, können Gott nicht gefallen. **9** Ihr aber lasst euch nicht vom *Fleisch* bestimmen, sondern vom Geist, wenn wirklich der Geist Gottes in euch wohnt. Wer aber den Geist Christi nicht hat, der gehört nicht zu ihm.	ist Feindschaft gegen Gott, denn es unterzieht sich dem Gesetz Gottes nicht, ja, es vermag es nicht. **8** Die aber von der **Welt** bestimmt sind, können Gott nicht gefallen. **9** Ihr aber lasst euch nicht von der **Welt** bestimmen, sondern von der Geistkraft, wenn wirklich die Geistkraft Gottes in euch wohnt. Wer aber die Geistkraft Christi nicht hat, gehört nicht zu ihm.
2Kor 11,18	Weil so viele sich **im Sinne der Welt** rühmen, werde auch ich mich rühmen.	
Gal 6,13	Denn selbst die, die sich beschneiden lassen, halten sich nicht an das Gesetz, wollen aber, dass ihr euch beschneiden lasst, um den Ruhm einzuheimsen, den euer Leben *im Fleisch* einbringt.	Denn selbst die, die sich beschneiden lassen, halten sich nicht an das Gesetz, wollen aber, dass ihr euch beschneiden lasst, damit sie sich brüsten mit eurem Leben **in der Welt**.

Um den mit σάρξ *sarx* gemeinten Sachverhalt wiederzugeben, umschreiben wir an einigen Stellen mit Wendungen wie *weltliche Massstäbe, weltliche Art* oder *irdisches Verhaftetsein* (so auch die NZB in 1Kor 3,1).

Joh 8,15	Ihr urteilt nach *dem Fleisch* …	Ihr urteilt nach **weltlichen Massstäben** …
1Kor 3,1	Doch ich, liebe Brüder und Schwestern, konnte nicht zu euch sprechen wie zu Menschen, die aus dem Geist [der Geistkraft] leben, sondern musste zu euch sprechen wie zu solchen, **die auf das Irdische beschränkt sind**, mit in Christus noch unmündigen Kindern.	

Gal 2,20	… sofern ich jetzt noch *im Fleisch* lebe, lebe ich im Glauben an den Sohn Gottes, der mich geliebt und sich für mich hingegeben hat.	… sofern ich jetzt noch **irdisch verhaftet** lebe, lebe ich im Glauben an den Sohn Gottes, der mich geliebt und sich für mich hingegeben hat.
Gal 3,3	… dass ihr, was ihr im Geist begonnen habt, nun *im Fleisch* vollenden wollt?	… dass ihr, was ihr in Geistkraft begonnen habt, nun **in weltlicher Art** vollenden wollt?
Gal 4,23	Der von der Magd aber ist *auf natürliche Weise* gezeugt worden …	Der von der Dienerin aber ist **nach den Massstäben der Welt** gezeugt worden …
Gal 4,29	Doch wie damals der nach *dem Fleisch* Gezeugte den nach dem Geist Gezeugten verfolgte, so ist es auch jetzt.	Doch wie damals der nach **den Massstäben der Welt** Gezeugte den nach der Geistkraft Gezeugten verfolgte, so ist es auch jetzt.
Gal 5,16f	Ich sage aber: Führt euer Leben im Geist, und ihr werdet dem Begehren des *Fleisches* nicht nachgeben! Denn das Begehren des *Fleisches* richtet sich gegen den Geist, das Begehren des Geistes aber gegen das *Fleisch*.	Ich sage aber: Führt euer Leben in der Geistkraft, und ihr werdet dem der **Welt verhafteten** Begehren nicht nachgeben! Denn das der **Welt verhaftete** Begehren richtet sich gegen die Geistkraft, das Begehren der Geistkraft aber gegen das **Verhaftetsein in der Welt**.

7.2.3 Das Fleisch des Menschensohnes

In Joh 6 wird der Begriff σάρξ *sarx* in höchst konkreter Weise verwendet: Die Bedeutung *Speisefleisch* ist deutlich präsent, wenn vom *Essen* und sogar vom *Kauen* (6,54.56) die Rede ist. Hier einen anderen Begriff als *Fleisch* zu wählen würde den Textzusammenhang unverständlich machen, zumal die Nähe zum Abendmahl bewusst gesucht wird. So fremd dieser Text uns ist, er muss fremd bleiben.

Joh 6,51–56	**51** Ich bin das lebendige Brot, das vom Himmel herabge-kommen ist. Wenn jemand von diesem Brot isst, wird er in Ewigkeit leben; und das Brot, das ich geben werde, ist mein **Fleisch**, für das Leben der Welt. **52** Da gab es Streit unter den [Jüdinnen und] Juden, und sie sagten: Wie kann uns der sein **Fleisch** zu essen geben? **53** Da sagte Jesus zu ihnen: Amen, amen, ich sage euch: Wenn ihr nicht das **Fleisch** des Men-schensohnes esst und sein Blut trinkt, habt ihr kein Leben in euch. **54** Wer mein **Fleisch** verzehrt und mein Blut trinkt, hat ewiges Leben, und ich werde ihn [und sie] auferwecken am Jüngsten Tag. **55** Denn mein **Fleisch** ist wahre Speise, und mein Blut ist wahrer Trank. **56** Wer mein **Fleisch** isst und mein Blut trinkt, bleibt in mir und ich in ihm [und in ihr].

7.3 GEIST

Der griechische Begriff πνεῦμα *pneuma* kennt – wie auch die entsprechenden Begriffe im Hebräischen (רוּחַ *rūach*) und Lateinischen (*spiritus*) – mehrere Bedeutungsdimensionen: *Wind, Hauch, Luftstrom, Sturm; Atem, Lebensgeist; Geist als böse Macht.* In den biblischen Schriften ist die Bedeutung *Atem, Lebensgeist* zentral. Aus toter Materie macht der Atem ein lebendes und lebendiges Wesen und gilt so als Träger des Lebens. *Seinen Geist aufgeben* heisst denn auch sterben. Verliehen wird den Menschen ihr πνεῦμα *pneuma* von Gott (Gen 2,7; Ez 37,9). Über diese unmittelbare Lebensgabe hinaus kommt Gottes πνεῦμα *pneuma* auch als schöpferische Kraft über die Men-schen (Jes 11,2; Mt 3,16; Apg 2,17) und wohnt in ihnen (Röm 8,9). Gottes πνεῦμα *pneuma* durchdringt Verstand, Gefühl und Handeln der Glaubenden, bewegt ihr πνεῦμα *pneuma*.

Das deutsche Wort *Geist* umfasst einen weiten Teil dieses Bedeutungs-felds, wie zahlreiche Wendungen belegen: *wes Geistes Kind, in jemandes Sinn und Geist, Teamgeist, Zeitgeist, guter Geist, böser Geist, wacher Geist, Körper und Geist* usf. Auch ein in Burgruinen lebendes Gespenst bezeichnet unsere Sprache – wie die griechische auch – als *Geist.* Dass πνεῦμα *pneuma* auch und vor allem eine bewegende Kraft ist, gerät im deutschen Wort *Geist* jedoch in den Hintergrund. Wohl deshalb wird heute zum Teil auf den engli-schen Begriff *spirit* ausgewichen, um diese Dynamik auszudrücken.

Vor ein weiteres Problem stellt das männliche Genus des deutschen Begriffs *Geist*,[37] vor allem auch deshalb, weil in der Verbindung mit dem Begriff *heilig* der *Geist* personifiziert wird. Im heutigen deutschen Sprachgebrauch zementiert die Person des *heiligen Geistes* zusammen mit den Personen von Vater und Sohn ein ausschliesslich männliches Gottesbild. Um dies zu korrigieren, soll die dritte Person Gottes ihr weibliches Gesicht zeigen. Da die Trinitätslehre in der Liturgie eine zentrale Rolle spielt, steht hier viel auf dem Spiel – Gott ist nicht nur männlich!

Aufgrund dieser Überlegungen übersetzen wir πνεῦμα *pneuma* nicht ausschliesslich mit *Geist*, sondern an zahlreichen Stellen mit *Geistkraft*. Der Begriff *Geistkraft* akzentuiert einerseits den Aspekt von Dynamik und Bewegung, die aus Gottes Atem kommen, und verweist andererseits in subtiler Art und Weise darauf, dass Gott auch weiblich ist.

7.3.1 Geistkraft und Geist der Menschen

Πνεῦμα *pneuma* bezeichnet oft den menschlichen *Geist*, den von Gott verliehenen Lebensatem, die Lebenskraft und Glaubenskraft. Der Begriff *Geist* ist hier durchaus angemessen; in vielen Fällen bringt der Begriff *Geistkraft* die vom Text thematisierte Dynamik jedoch präziser zum Ausdruck, insbesondere wenn der Geist des Menschen von der göttlichen Geistkraft durchdrungen ist.

Lk 1,46f	Meine Seele erhebt den Herrn [Höchsten], und mein **Geist** jubelt über Gott, meinen Retter …	
Lk 23,46	Vater, in deine Hände lege ich meinen **Geist**.	
2Kor 4,13	Wir haben aber denselben *Geist* des Glaubens …	Wir haben aber dieselbe **Geistkraft** des Glaubens …
2Kor 7,1	Da wir nun diese Verheissungen haben, meine Geliebten, wollen wir uns reinigen von jeder Befleckung des Fleisches [des Körpers] und des **Geistes** und auf unsere vollkommene Heiligkeit hinwirken in der Furcht Gottes.	
Jak 2,26	Denn wie der Leib ohne *Geist* tot ist, so ist auch der Glaube ohne Werke tot.	Denn wie der Leib ohne **Geistkraft** tot ist, so ist auch der Glaube ohne Taten tot.

[37] Der griechische Begriff πνεῦμα *pneuma* aus dem Neuen Testament ist ein Neutrum, und das hebräische Pendant רוח *rūach* tritt oft auch in weiblicher Form auf. Der lateinische Begriff *spiritus* ist hingegen männlich.

1Petr 3,4	… euer Schmuck sei vielmehr der verborgene Mensch des Herzens, der sich im unvergänglichen Wirken *des sanftmütigen und stillen Geistes* zeigt. Das ist kostbar vor Gott.	… euer Schmuck sei vielmehr der verborgene Mensch des Herzens, der sich im unvergänglichen Wirken **der sanften und stillen Geistkraft** zeigt. Das ist kostbar vor Gott.

7.3.2 Dämonen und Geister

Auch Dämonen werden im Neuen Testament teilweise mit πνεῦμα *pneuma* bezeichnet. Wir übersetzen ebenfalls mit *Geistkraft*, damit die Kontrastierung zur Geistkraft Gottes sichtbar bleibt. Ist hingegen mehr ein Gespenst bzw. ein Geist im Sinne eines Schattenwesens gemeint, wechseln wir nicht zu *Geistkraft*, denn der deutsche Begriff *Geist* ist dann sehr treffend (Lk 24,37.39; 1Petr 3,19).

Lk 9,39	Auf einmal packt ihn ein *Geist* …	Auf einmal packt ihn eine **Geistkraft** …
Lk 10,20	Doch freut euch nicht darüber, dass euch die *Geister* untertan sind …	Doch freut euch nicht darüber, dass euch die **Geistkräfte** untertan sind …
Lk 13,11	Und da war eine Frau, die hatte seit achtzehn Jahren einen **Geist**, der sie krank machte …	
Lk 24,37	Da gerieten sie in Angst und Schrecken und meinten, einen **Geist** zu sehen.	
Lk 24,39	Ein **Geist** hat kein Fleisch und keine Knochen, wie ihr es an mir seht.	
1Petr 3,19	So ist er auch zu den **Geistern** im Gefängnis hinabgefahren und hat ihnen die Botschaft verkündigt …	
Offb 16,13f	Und ich sah aus dem Schlund des Drachen und aus dem Maul des Tieres und aus dem Mund des falschen Propheten drei unreine Geister fahren – wie Frösche. *Geister* von Dämonen sind es …	Und ich sah aus dem Schlund des Drachen und aus dem Maul des Tieres und aus dem Mund des falschen Propheten drei unreine Geister fahren – wie Frösche. **Geistkräfte** von Dämonen sind es …

7.3.3 Geistkraft Gottes

An zahlreichen Stellen im Neuen Testament bezeichnet πνεῦμα *pneuma* die Geistkraft Gottes, sei dies implizit oder explizit (*Geistkraft Gottes, heilige Geistkraft*). Die Übersetzung mit *Geistkraft* lässt sich an all diesen Stellen problemlos zur Geltung bringen, weshalb wir nur eine bescheidene Auswahl anführen. Diese soll zeigen, dass der Text durch die Übersetzung mit *Geistkraft* die weibliche Dimension Gottes nachdrücklich hervorhebt und darüber hinaus auch oft verständlicher wird. In 1Joh 4,1–3.6 wechseln wir je nach Bedeutung zwischen *Geist* und *Geistkraft*.

In Joh 3,8 wird πνεῦμα *pneuma* einmal mit *Wind* und einmal mit *Geist* übersetzt. Hier sollte im Bibeltext eine Fussnote stehen, dass es sich im Griechischen um ein und denselben Begriff handelt. Eine andere Möglichkeit ist es, beide Begriffe anzuführen.

Lk 4,14	Jesus aber kehrte *in der Kraft des Geistes* nach Galiläa zurück.	Jesus aber kehrte **von der Geistkraft geführt** nach Galiläa zurück.
Lk 4,18	*Der Geist des Herrn* ruht auf mir …	**Die Geistkraft des Höchsten** ruht auf mir …
Joh 1,33	Auf wen du *den Geist* herabkommen und auf ihm bleiben siehst, der ist es, der mit *heiligem Geist* tauft.	Auf wen du **die Geistkraft** herabkommen und auf ihm bleiben siehst, der ist es, der mit **heiliger Geistkraft** tauft.
Joh 3,8	*Der Wind* weht, wo er will, und du hörst sein Sausen, weisst aber nicht, woher er kommt und wohin er geht. So ist es mit jedem, der aus *dem Geist* geboren ist.	**Der Wind, die Geistkraft,** weht, wo sie will, und du hörst ihr Sausen, weisst aber nicht, woher sie kommt und wohin sie geht. So ist es mit allen, die aus **der Geistkraft** geboren sind.
Joh 14,26	*Der Fürsprecher* aber, *der heilige Geist, den* der Vater in meinem Namen senden wird, *er* wird …	**Die Fürsprecherin** aber, **die heilige Geistkraft**, **die** der Vater in meinem Namen senden wird, **sie** wird …
Röm 7,6	… so tun wir nun unseren Dienst in der neuen Wirklichkeit *des Geistes*, nicht in der alten des Buchstabens.	… so tun wir nun unseren Dienst in der neuen Wirklichkeit **der Geistkraft**, nicht in der alten des Buchstabens.

2Kor 3,3	Ihr seid erkennbar als ein Brief Christi, von uns verfasst, geschrieben nicht mit Tinte, sondern mit *dem Geist* des lebendigen Gottes, nicht auf Tafeln aus Stein, sondern auf andere Tafeln: in Herzen aus Fleisch.	Ihr seid erkennbar als ein Brief Christi, von uns verfasst, geschrieben nicht mit Tinte, sondern mit **der Geistkraft** des lebendigen Gottes, nicht auf Tafeln aus Stein, sondern auf andere Tafeln: in Herzen aus Fleisch und Blut.
2Kor 13,13	Die Gnade des Herrn Jesus Christus und die Liebe Gottes und die Gemeinschaft *des Heiligen Geistes* sei mit euch allen.	Die Zuwendung des Höchsten Jesus Christus und die Liebe Gottes und die Gemeinschaft **der Heiligen Geistkraft** sei mit euch allen.
Gal 5,5	Denn *im Geist* und aus Glauben warten wir auf die Erfüllung unserer Hoffnung: die Gerechtigkeit.	Denn **in der Geistkraft** und aus Glauben warten wir auf die Erfüllung unserer Hoffnung: die Gerechtigkeit.
Gal 5,16	Ich sage aber: Führt euer Leben *im Geist*, und ihr werdet dem Begehren des Fleisches nicht nachgeben!	Ich sage aber: Führt euer Leben **in der Geistkraft**, und ihr werdet dem der Welt verhafteten Begehren nicht nachgeben!
Gal 6,8	Wer auf sein Fleisch sät, wird vom Fleisch Verderben ernten, wer aber auf *den Geist* sät, wird *vom Geist* ewiges Leben ernten.	Wer auf seine Weltverhaftung sät, wird von ihr Verderben ernten, wer aber auf **die Geistkraft** sät, wird **von ihr** ewiges Leben ernten.
1Petr 4,14	Denn *der Geist der Herrlichkeit, der Geist* Gottes ruht auf euch.	Denn **die Geistkraft des Glanzes, die Geistkraft** Gottes ruht auf euch.

1Joh 4,1–3	**1** Ihr Lieben, schenkt nicht jedem Geist Glauben, sondern prüft die Geister, ob sie aus Gott sind. Denn viele falsche Propheten sind hinausgegangen in die Welt. **2** Daran erkennt ihr *den Geist* Gottes: Jeder Geist, der sich zu Jesus Christus bekennt, der im Fleisch gekommen ist, ist aus Gott; **3** und jeder Geist, der sich nicht zu Jesus bekennt, ist nicht aus Gott. Und das ist *der Geist* des Antichrists, von *dem* ihr gehört habt, dass *er* kommt. *Der* ist jetzt schon in der Welt.	**1** Ihr Lieben, schenkt nicht jedem Geist Glauben, sondern prüft die Geister, ob sie aus Gott sind. Denn viele falsche Prophetinnen und Propheten sind hinausgegangen in die Welt. **2** Daran erkennt ihr **die Geistkraft** Gottes: Jeder Geist, der sich zu Jesus Christus bekennt, der in Fleisch und Blut gekommen ist, ist aus Gott; **3** und jeder Geist, der sich nicht zu Jesus bekennt, ist nicht aus Gott. Und das ist **die Geistkraft** des Antichrists, von **der** ihr gehört habt, dass **sie** kommt. **Die** ist jetzt schon in der Welt.
1Joh 4,6	Daran erkennen wir *den Geist* der Wahrheit und *den Geist* des Irrtums.	Daran erkennen wir **die Geistkraft** der Wahrheit und **die Geistkraft** des Irrtums.
1Joh 5,6	Und *der Geist* ist es, *der* es bezeugt, denn *der Geist* ist die Wahrheit.	Und **die Geistkraft** ist es, **die** es bezeugt, denn **die Geistkraft** ist die Wahrheit.
Offb 4,2	Sogleich wurde ich *vom Geist* ergriffen …	Sogleich wurde ich **von der Geistkraft** ergriffen …
Offb 22,17	Und *der Geist* und die Braut sprechen: Komm!	Und **die Geistkraft** und die Braut sprechen: Komm!

7.4 SÜNDE

Die Begriffe *sündigen, Sünde, Sünderin* und *Sünder* haben sich in der Alltagssprache von ihrer theologischen Bedeutung entfremdet. Von einer *kleinen Sünde* spricht zwar weiterhin, wer die eine oder andere Kalorie zuviel genascht hat, und die *Verkehrssünder* und *Parksünderinnen* bleiben in unserem Wortschatz ebenfalls präsent. Ironisch nehmen wir in solchen Wendungen auf den in der Kirchensprache beheimateten Begriff Bezug – ausserhalb des Kirchenraums findet die *Sünde* keine ernst gemeinte Verwendung mehr. Umgekehrt ist der Sprachgebrauch im Kirchenraum selbst sehr belastet. Viele Menschen assoziieren mit dem Begriff apodiktische kirchliche Moralurteile, die Geschichte schrieben. Demgegenüber wird die von den biblischen Texten thematisierte Gottesferne im Begriff *Sünde* nicht wiedererkannt. Das Wort ist zur Chiffre für bewusste Regelverletzungen geworden und ist darum in der Bibel missverständlich.

Anders steht es mit den Begriffen *sich verirren, Verirrung, Verirrte* und *Verirrter*, die übrigens auch der Grundbedeutung der griechischen Begriffe ἁμαρτάνω *hamartanō*, ἁμαρτία *hamartia*, ἁμαρτωλός *hamartōlos* (*verfehlen, nicht treffen* usf.) sehr nahe kommen. Die Begriffe *Verirrung, sich verirren* betonen die Dimension, dass der Mensch sich vom Leben mit und vor Gott abwendet und verloren geht. Wörter wie *Umkehr* (vgl. Mk 1,4 oder Lk 15) oder *Zuwendung* (statt *Gnade*, vgl. Röm 5,19–21) bilden zusammen mit *Verirrung* ein sinnreiches und konsistentes Bedeutungsfeld.

Wir sind uns bewusst, dass die neue Wortwahl durchaus gewöhnungsbedürftig ist, meinen aber, dass es sich lohnt, die fremden Begriffe zu erproben und dabei Dimensionen zu entdecken, die im Wort *Sünde* zugedeckt sind.

7.4.1 Verirrung

Anstelle des Begriffs *Sünde* verwenden wir durchgehend den Begriff *Verirrung*, und anstelle von *Sünder, Sünderin* lesen wir *Verirrter, Verirrte*. Das Adjektiv *sündig* ersetzen wir je nach Kontext durch *irrig* oder *verirrt*.

Einen weiteren Begriff in diesem Zusammenhang, das griechische Wort παράπτωμα *paraptōma*, übersetzen wir mit *Verfehlung*, da die von der NZB gewählte Übersetzung mit *Fall* nur schwer verständlich ist (vgl. Röm 5,19–21).

In Röm 8,3 gibt die NZB die Wendung περὶ ἁμαρτίας *peri hamartias* mit *als Sühnopfer* wieder. Die Opferterminologie hat keinen Anhalt am Text und ist insbesondere aus feministischer Sicht höchst problematisch. Frauen wurden in der Geschichte des Christentums immer wieder in Opferrollen gedrängt und sind deshalb besonders sensibel gegenüber einem vorschnellen Gebrauch des Opferbegriffs. Wir ziehen den wörtlichen Sinn *wegen der Verirrung* vor.

Mk 1,4	So trat Johannes der Täufer auf in der Wüste und verkündigte eine Taufe der Umkehr zur Vergebung der *Sünden*.	So trat Johannes der Täufer auf in der Wüste und verkündigte eine Taufe der Umkehr zur Vergebung der *Verirrungen*.
Mk 2,17	Ich bin nicht gekommen, Gerechte zu rufen, sondern *Sünder*.	Ich bin nicht gekommen, Gerechte zu rufen, sondern **Verirrte**.
Joh 9,16	Wie kann ein sündiger Mensch solche Zeichen tun?	Wie kann ein **verirrter** Mensch solche Zeichen tun?
Röm 5,19–21	**19** Denn wie durch den Ungehorsam des einen Menschen die Vielen zu *Sündern* gemacht wurden, so werden durch den Gehorsam des Einen die Vielen zu Gerechten gemacht werden. **20** Das Gesetz aber ist hinzugekommen, damit der *Fall* noch grösser werde; wo aber die *Sünde* grösser wurde, da strömte die Gnade umso reichlicher. **21** So sollte, wie die *Sünde* durch den Tod herrschte, die Gnade durch die Gerechtigkeit herrschen, die ins ewige Leben führt, durch Jesus Christus, unsern Herrn.	**19** Denn wie durch den Ungehorsam des einen Menschen die Vielen zu **Verirrten** gemacht wurden, so werden durch den Gehorsam des Einen die Vielen zu Gerechten gemacht werden. **20** Das Gesetz aber ist hinzugekommen, damit die **Verfehlung** noch grösser werde; wo aber die **Verirrung** grösser wurde, da strömte die Zuwendung umso reichlicher. **21** So sollte, wie die **Verirrung** durch den Tod regierte, die Zuwendung durch die Gerechtigkeit regieren, die ins ewige Leben führt, durch Jesus Christus, unsern **Höchsten**.
Röm 7,13	Also hat das Gute mir den Tod gebracht? Gewiss nicht! Vielmehr bringt mir die *Sünde*, damit sie als *Sünde* zum Vorschein komme, durch das Gute den Tod. So sollte die *Sünde* über alle Massen *sündig* werden durch das Gebot.	Also hat das Gute mir den Tod gebracht? Gewiss nicht! Vielmehr bringt mir die **Verirrung**, damit sie als **Verirrung** zum Vorschein komme, durch das Gute den Tod. So sollte die **Verirrung** über alle Massen **irrig** werden durch das Gebot.

Röm 8,3	Gott hat seinen Sohn in Gestalt des von der *Sünde* beherrschten Fleisches gesandt, *als Sühnopfer*, und verurteilte damit die *Sünde* im Fleisch.	Gott hat seinen Sohn gesandt als **verirrten** Menschen, und **wegen der Verirrung** verurteilte er die **Verirrung** in der Welt.
Gal 2,17	Wenn wir jedoch im Bestreben, durch Christus gerecht zu werden, nun selbst als *Sünder* dastehen, ist dann Christus ein Diener der *Sünde?*	Wenn wir jedoch im Bestreben, durch Christus gerecht zu werden, nun selbst als **Verirrte** dastehen, ist dann Christus ein Helfer der **Verirrung?**
1Joh 1,8	Wenn wir sagen: Wir haben keine *Sünde*, führen wir uns selbst in die Irre …	Wenn wir sagen: Wir sind nicht in **Verirrung**, führen wir uns selbst in die Irre …

7.4.2 Sich verirren

Das Verb *sündigen* übersetzen wir nicht mit *irren*, sondern mit der reflexiven Form *sich verirren*. Der Begriff *irren* ist zu stark auf den Intellekt bezogen, während demgegenüber der Begriff *sich verirren* den Menschen als ganzen in den Blick nimmt.

Lk 17,3	Wenn dein Bruder *sündigt*, so weise ihn zurecht; und wenn er umkehrt, so vergib ihm.	Wenn dein Bruder oder deine Schwester **sich verirren**, so weise sie zurecht; und wenn sie umkehren, so vergib ihnen.
Röm 3,23	Alle haben ja *gesündigt* und die Herrlichkeit Gottes verspielt.	Alle haben **sich** ja **verirrt** und den Glanz Gottes verspielt.
1Joh 1,10	Wenn wir sagen: Wir haben nicht *gesündigt* …	Wenn wir sagen: Wir haben **uns** nicht **verirrt** …

7.5 VERSUCHUNG

Mit dem Wort *Versuchung* verbinden wir eine Neigung oder einen Anreiz, etwas Unrechtes zu tun. Mehr noch als der sinnverwandte Begriff *Verführung* (s. o. Abschnitt 6.2.2) ist die *Versuchung* religiös geprägt. Spricht die Werbesprache von der *zartesten Versuchung (seit es Schokolade gibt)*, kokettiert sie bewusst mit moralischen Vorstellungen, die aus einem religiösen Kontext stammen. Die *Versuchung* erfordert eine Entscheidung zwischen gut und böse und gilt als heimtückischer Versuch des Teufels, die Menschen in seinen Machtbereich zu ziehen.

Der mit *Versuchung* übersetzte griechische Begriff πειρασμός *peirasmos* bedeutet zunächst einmal ganz einfach *Prüfung*. Ebenso trägt das entsprechende Verb πειράζω *peirazō* die Bedeutungen *einen Versuch bzw. eine Probe machen, prüfen, erforschen*. Die im deutschen Begriff *Versuchung* zentrale, negative Aussage, dass hier *eine Falle* gestellt bzw. *mit hinterlistiger Absicht* vorgegangen werde, steht im griechischen Begriff nicht im Vordergrund, sondern wird allenfalls durch den Kontext suggeriert.

In den neutestamentlichen Schriften treten ganz unterschiedliche Subjekte auf, die jemanden *versuchen* (πειράζω *peirazō*): der Teufel, Jesus feindlich gesinnte Personen, Schriftgelehrte, aber auch Jesus selbst oder Gott. Erst aufgrund des jeweiligen Kontextes bzw. des Vorwissens über das handelnde Subjekt lässt sich präzisieren, ob es sich um eine echte Prüfung oder eine arglistige Aktion handelt – eine Präzisierung, die dem Leser oder der Leserin überlassen werden sollte. Soweit es sprachlich möglich ist, versuchen wir deshalb neutral zu übersetzen: mit *auf die Probe stellen* oder *prüfen* und mit *Prüfung*.

7.5.1 Auf die Probe stellen

Indem wir das Verb *versuchen* durch *auf die Probe stellen* ersetzen, geben wir den Texten ihren wertfreien Ton zurück. Von Arglist oder von unergründlichen Hintergedanken des handelnden Subjekts ist nun nicht mehr die Rede, vielmehr von einer Situation der Prüfung – eine Situation, die anders als die *Versuchung* religiös unbelastet ist (vgl. die *Lebensprüfung*).

Auch die NZB übersetzt an einigen Stellen mit *prüfen* oder *auf die Probe stellen* (z. B. Joh 6,6; Apg 15,10), meist jedoch mit *versuchen*. In Mt 19,3 ist sie unserem Vorschlag gefolgt und ersetzte *versuchen* durch *auf die Probe stellen*.

Mt 4,1	Danach wurde Jesus vom Geist in die Wüste geführt, um vom Teufel *versucht* zu werden.	Danach wurde Jesus von der Geistkraft in die Wüste geführt, um vom Teufel **auf die Probe gestellt** zu werden.
		Var.: Danach wurde Jesus von der Geistkraft in die Wüste geführt, um vom Teufel **geprüft** zu werden.

Mt 4,3	Da trat der *Versucher* an ihn heran und sagte zu ihm ...	Da trat der an ihn heran, **der ihn auf die Probe stellen wollte,** und sagte zu ihm ...
Mt 19,3	Und es kamen Pharisäer zu ihm, um ihn **auf die Probe zu stellen**, und sagten: Ist es einem Mann erlaubt, seine Frau zu entlassen, aus welchem Grund auch immer?	
Joh 6,6	Dies sagte er aber, um ihn zu **prüfen**; er selbst wusste ja, was er tun wollte.	
Joh 8,5f	Im Gesetz aber hat Mose uns vorgeschrieben, solche Frauen zu steinigen: Du nun, was sagst du dazu? Dies sagten sie, um ihn **auf die Probe zu stellen**, damit sie einen Grund hätten, ihn anzuklagen.	
Apg 15,10	Was also wollt ihr jetzt Gott noch **auf die Probe stellen**, indem ihr den Jüngern [und Jüngerinnen] ein Joch auf den Nacken legt, das weder unsere Väter [und Mütter] noch wir zu tragen vermochten?	
1Kor 10,9	Lasst uns Christus nicht *versuchen*, wie einige von ihnen es getan haben und dann von den Schlangen getötet wurden.	Lasst uns Christus nicht **auf die Probe stellen**, wie einige von ihnen es getan haben und dann von den Schlangen getötet wurden.
2Kor 13,5	**Macht an euch selbst die Probe**, ob ihr im Glauben seid, prüft[38] euch selbst!	

---

38 *Prüfen* übersetzt an dieser Stelle das griechische Verb δοκιμάζω *dokimazō*.

Jak 1,13f	Niemand, der *in Versuchung gerät*, sage: Von Gott *werde ich in Versuchung geführt*! Gott nämlich lässt sich vom Bösen nicht *versuchen*, und er *führt niemanden in Versuchung*. Ein jeder wird von seiner eigenen Begierde *in Versuchung geführt*, wenn er sich von ihr locken und ködern lässt.	Wer **geprüft wird**, sage nicht: Von Gott **werde ich geprüft**! Gott nämlich lässt sich nicht **herausfordern**, was das Böse betrifft, und er **prüft niemanden**. Jeder Mensch wird von der eigenen Begierde **auf die Probe gestellt**, von ihr gezogen und gelockt.
Offb 2,2	… und ich weiss, dass du die Bösen nicht ertragen kannst, dass du **geprüft hast**, die da sagen, sie seien Apostel [und Apostelinnen], und es nicht sind, und dass du sie als Lügner [und Lügnerinnen] entlarvt hast.	

7.5.2 Prüfung oder Anfechtung

Das Substantiv πειρασμός *peirasmos* wird in der NZB meist mit *Versuchung*, teilweise (v. a. im Plural) mit *Anfechtung* oder *Prüfung* wiedergegeben. Während im Begriff *Versuchung* das Subjekt, der *Versucher*, stark präsent ist, legt der Begriff *Anfechtung* den Akzent auf die Situation selbst und suggeriert nicht, dass jemand mit einer hintergründigen, gar bösen Absicht diese Situation herbeiführt. Eine noch neutralere Übersetzung bietet der Begriff *Prüfung*.

Mt 6,13	Und *führe* uns nicht in *Versuchung* …	Und **bring** uns nicht in **Anfechtung** … Var.: Und **stell** uns nicht **auf die Probe** …
Mt 26,41	Wacht und betet, dass ihr nicht in *Versuchung kommt*!	Wacht und betet, dass ihr nicht in **Anfechtung geratet**!
Lk 4,13	Und als der Teufel *alle Versuchungen zu Ende gebracht hatte*, liess er von ihm ab bis zu gelegener Zeit.	Und als der Teufel **mit aller Prüfung am Ende war**, liess er von ihm ab bis zu gelegener Zeit.

Lk 8,13	Eine Zeitlang glauben sie, in der Zeit der *Versuchung* aber fallen sie ab.	Eine Zeitlang glauben sie, in der Zeit der **Anfechtung** aber fallen sie ab. *Var.:* Eine Zeitlang glauben sie, in der Zeit der **Prüfung** aber fallen sie ab.
Lk 22,28	Ihr, ihr habt ausgeharrt bei mir in meinen *Versuchungen*.	Ihr, ihr habt ausgeharrt bei mir in meinen **Anfechtungen**.
Apg 20,19	Ich habe dem Herrn [Höchsten] gedient in aller Demut, unter Tränen und in den **Prüfungen** …	
1Kor 10,13	Noch ist keine *Versuchung* über euch gekommen, die nicht menschlich wäre. Gott aber ist treu: Er wird nicht zulassen, dass ihr über eure Kräfte *versucht* werdet, sondern mit der *Versuchung* auch den Ausweg schaffen, dass ihr die Kraft habt, sie zu bestehen.	Noch ist keine **Prüfung** über euch gekommen, die nicht menschlich wäre. Gott aber ist treu: Er wird nicht zulassen, dass ihr über eure Kräfte **geprüft** werdet, sondern mit der **Prüfung** auch den Ausweg schaffen, dass ihr die Kraft habt, sie zu bestehen.
Gal 4,14	Trotz der *Versuchung*, die meine Erscheinung für euch darstellte, habt ihr mich nicht verachtet …	Trotz der **Prüfung**, die meine Erscheinung für euch darstellte, habt ihr mich nicht verachtet …
Jak 1,2	Nehmt es für lauter Freude, meine lieben Brüder und Schwestern, wenn ihr mancherlei **Prüfungen** zu bestehen habt …	
1Petr 1,6	Darüber jubelt, auch wenn ihr jetzt noch kurze Zeit – wenn es denn sein muss – von mancherlei **Prüfung** heimgesucht werdet [betrübt werdet durch mancherlei **Prüfung**].	
1Petr 4,12	Meine Geliebten, wundert euch nicht über das Feuer, das bei euch ausgebrochen ist, um euch auf die **Probe** zu stellen, als widerfahre euch dadurch etwas Fremdes.	

8. Zeitgemässe Begriffe

Bei der Lektüre der Neuübersetzung stossen wir auf Begriffe, die im heutigen Sprachgebrauch kaum mehr oder in ganz anderem Sinn vorkommen. Solche Wörter wie *Kelch, Geschlecht, Heimsuchung* oder *töricht* machen den Bibeltext missverständlich und lassen ihn nicht zeitgemäss erscheinen. Wir versuchen, Begriffe zu finden, die im heutigen Sprachgebrauch verankert sind, den vom Text tradierten Sachverhalt jedoch trotzdem möglichst präzise bezeichnen. Damit ermöglichen wir autonomes Bibellesen, das sich von Auslegungstraditionen und Kulturgeschichte emanzipiert.

8.1 BECHER STATT KELCH

Ein *Kelch* ist im heutigen Sprachgebrauch ein edles Trinkgefäss aus Gold oder Silber, oft reich verziert, vielleicht sogar mit Edelsteinen bestückt, in Museen und Schatzkammern zu bewundern. In der heutigen Umgangssprache wird das Wort *Kelch* denn auch kaum mehr verwendet. Die NZB übersetzt mit diesem Begriff das griechische Wort ποτήριον *potērion*, allerdings nur dort, wo es um das letzte Mahl bzw. den Tod Jesu geht, an anderen Stellen übersetzt sie mit *Becher*. Damit orientiert sich die NZB am Bild edler Abendmahlgefässe, wie sie auch heute noch oft in Gebrauch sind. Das Trinkgefäss, das Jesus beim letzten Mahl seinen Jüngerinnen und Jüngern reichte, wird jedoch eher ein einfacher Holzbecher gewesen sein.[39] Wir verwenden deshalb zu seiner Bezeichnung ebenfalls den Begriff *Becher*.

Da die Sätze aus Lk 22,42 (*lass diesen Kelch an mir vorübergehen*) und Mt 20,22 (*den Kelch trinken*) zu Redewendungen geworden sind und dadurch ihre ursprüngliche Dramatik eingebüsst haben, können wir sie nicht mehr mit unverstelltem Blick lesen. Das für die Redewendungen überraschende Wort *Becher* macht auf die ursprüngliche Bedeutung der Sätze aufmerksam und führt sie wieder in ihren ursprünglichen Kontext zurück.

Mt 20,22	Jesus aber antwortete: Ihr wisst nicht, worum ihr bittet! Könnt ihr den *Kelch* trinken, den ich trinken werde?	Jesus aber antwortete: Ihr wisst nicht, worum ihr bittet! Könnt ihr den **Becher** trinken, den ich trinken werde?

---

[39] Zwingli verwendete in der Abendmahlsliturgie ebenfalls einfache Holzbecher.

Mt 26,27	Und er nahm einen *Kelch* und sprach das Dankgebet …	Und er nahm einen **Becher** und sprach das Dankgebet …
Mk 9,41	Wer euch einen **Becher** Wasser zu trinken gibt in meinem Namen, weil ihr zu Christus gehört …	
Lk 22,42	Vater, wenn du willst, lass diesen *Kelch* an mir vorübergehen.	Vater, wenn du willst, lass diesen **Becher** an mir vorübergehen.
Joh 18,11	Den *Kelch*, den mir mein Vater gegeben hat – soll ich ihn etwa nicht trinken?	Den **Becher**, den mir mein Vater gegeben hat – soll ich ihn etwa nicht trinken?
1Kor 10,16	Der *Kelch* des Segens, über den wir den Lobpreis sprechen …	Der **Becher** des Segens, den wir segnen[40] …
1Kor 11,25	Ebenso nahm er nach dem Essen den *Kelch* und sprach: Dieser *Kelch* ist der neue Bund in meinem Blut.	Ebenso nahm er nach dem Essen den **Becher** und sprach: Dieser **Becher** ist der neue Bund in meinem Blut.
1Kor 11,26	Denn sooft ihr dieses Brot esst und den *Kelch* trinkt, verkündigt ihr den Tod des Herrn, bis dass er kommt.	Denn sooft ihr dieses Brot esst und den **Becher** trinkt, verkündigt ihr den Tod des Höchsten, bis er kommt.
Offb 16,19	Und Babylons der Grossen gedachte man vor Gott, ihr den **Becher** mit dem Wein seines grimmigen Zornes zu geben.	

8.2 GENERATION ODER NACHKOMMENSCHAFT STATT GESCHLECHT

Unter dem Wort *Geschlecht* verstehen wir heute zunächst das biologische Geschlecht eines Menschen, männlich oder weiblich. Eine zweite Bedeutungsebene des Begriffs, die dem griechischen Wort γενεά *genea* entspricht, kommt im Wort *Geschlechtsname* (für *Familienname*) zum Ausdruck: *Geschlecht* meint auch *die Verwandtschaft, Sippe* sowie *die Generation, die*

---

[40] Mit unserer Übersetzung «Der Becher des *Segens*, den wir *segnen* …» übernehmen wir die Formulierung des griechischen Textes, der hier zwei Wörter desselben Stamms benutzt.

Zeitgenossen. In diesen Bedeutungen wird das Wort *Geschlecht* heute allerdings kaum mehr gebraucht. Wir weichen auf das Wort *Menschengeschlecht* aus oder verwenden die Begriffe *Generation* und *Nachkommenschaft.* In Lk 1,5 übersetzen wir wörtlich, in Apg 17,28f steht im Urtext der griechische Begriff γένος *genos* (*Stamm, Art, Abstammung, Gebürtigkeit, Herkunft*) und in Joh 7,42 σπέρμα *sperma* (vgl. den nächsten Abschnitt).

Mk 8,12	Was fordert dieses *Geschlecht* ein Zeichen!	Was fordert dieses **Menschengeschlecht** ein Zeichen!
Mk 9,19	Du ungläubiges *Geschlecht*!	Du ungläubiges **Menschengeschlecht**!
Lk 1,5	… der hatte eine Tochter aus dem *Geschlecht* Aarons zur Frau, und ihr Name war Elisabet.	… der hatte eine Tochter aus Aarons **Nachkommenschaft** zur Frau, und ihr Name war Elisabet.
Lk 1,50	… und seine Barmherzigkeit gilt von *Geschlecht* zu *Geschlecht* …	… und seine Barmherzigkeit gilt von **Generation** zu **Generation** …
Lk 2,4	Auch Josef ging von Galiläa aus der Stadt Nazaret hinauf nach Judäa in die Stadt Davids, die Betlehem heisst, weil er aus dem Haus und *Geschlecht* Davids war …	Auch Josef ging von Galiläa aus der Stadt Nazaret hinauf nach Judäa in die Stadt Davids, die Betlehem heisst, weil er aus dem Haus und der **Nachkommenschaft** Davids war …
Lk 7,31	Mit wem soll ich die Menschen dieses *Geschlechts* vergleichen, wem sind sie gleich?	Mit wem soll ich dieses **Menschengeschlecht** vergleichen, wem sind sie gleich?
Joh 7,42	Sagt nicht die Schrift, dass der Christus aus *dem Geschlecht* Davids und aus Betlehem kommt, dem Dorf, wo David war?	Sagt nicht die Schrift, dass der Christus aus der **Nachkommenschaft** Davids und aus Betlehem kommt, dem Dorf, wo David war?

Apg 17,28f	In ihm nämlich leben, weben und sind wir, wie auch einige eurer Dichter gesagt haben: Ja, wir sind auch von seinem *Geschlecht.* Da wir also von Gottes *Geschlecht* sind, dürfen wir nicht denken, das Göttliche sei vergleichbar mit etwas aus Gold oder Silber oder Stein …	In ihm nämlich leben, weben und sind wir, wie auch einige eurer Dichter gesagt haben: Ja, wir sind auch von seiner **Herkunft**. Da wir also von Gottes **Herkunft** sind, dürfen wir nicht denken, das Göttliche sei vergleichbar mit etwas aus Gold oder Silber oder Stein …

8.3 NACHKOMMENSCHAFT STATT SAME

Wer in unserer Zeit von *Samen* spricht, meint entweder Saatgut oder Sperma, jedoch kaum nachfolgende Generationen. Alle drei Bedeutungen kennt hingegen der griechische Begriff σπέρμα *sperma*. An zahlreichen Stellen wird dieses Wort deshalb statt mit *Same* mit *Nachkommen(schaft)* übersetzt (vgl. Mt 22,24; Lk 1,55; Joh 8,33). Wir ziehen diese Übersetzung auch in Apg 3,25 und Röm 1,3 vor.

Mt 13,24	Mit dem Himmelreich ist es wie mit einem [Menschen], der guten **Samen** auf seinen Acker säte.	
Mt 22,24	Wenn einer stirbt, ohne Kinder zu haben, dann soll sein Bruder als ihr Schwager die Frau heiraten und seinem Bruder **Nachkommen** erwecken.	
Lk 1,55	… Abraham und seinen **Nachkommen** in Ewigkeit.	
Joh 8,33	Wir sind **Nachkommen** Abrahams …	
Apg 3,25	Und durch deinen *Samen* werden gesegnet werden alle Geschlechter der Erde.	Und durch deine **Nachkommenschaft** werden gesegnet werden alle Völker der Erde.
Röm 1,3	… das Evangelium von seinem Sohn, der nach dem Fleisch aus dem *Samen* Davids stammt …	… das Evangelium von seinem Sohn, der leiblich aus der **Nachkommenschaft** Davids geboren ist …

Die Wörter *Tor* und *töricht* (μωρός *mōros*) sind nicht Teil unserer Umgangssprache. Während sie in den eher lehrhaften Zusammenhang von 1Kor 1–4 gut passen, sind sie an anderen Stellen, die ganz lebenspraktische Dinge abhandeln, fehl am Platz (Mt 7,26; 23,17; 25,1ff). Wir ziehen geläufigere Begriffe wie *Narr, Närrin* bzw. *unbesonnen* vor.

Den *törichten Jungfrauen* stehen in Mt 25,1ff die *klugen* gegenüber. Unseres Erachtens geht es jedoch im Gleichnis weniger um Klugheit und Torheit als um Besonnenheit und Unüberlegtheit. Denn nicht der Charakter der Brautjungfern wird in Mt 25 zum Thema gemacht, sondern ihr Verhalten.

Mt 7,26	Und jeder, der diese meine Worte hört und nicht danach handelt, ist einem *törichten* Mann gleich, der sein Haus auf Sand gebaut hat.	Und alle, die diese meine Worte hören und nicht danach handeln, sind einem **unbesonnenen** Mann gleich, der sein Haus auf Sand gebaut hat.
Mt 23,17	Ihr *Toren*, ihr Blinden!	Ihr **Närrinnen und Narren**, ihr Blinden!
Mt 25,1f	Dann wird es mit dem Himmelreich sein, wie mit zehn Jungfrauen, die ihre Lampen nahmen und hinausgingen, den Bräutigam zu empfangen. Fünf von ihnen waren *töricht*, und fünf waren *klug*.	Dann wird es mit dem Himmelreich sein, wie mit zehn Brautjungfern, die ihre Lampen nahmen und hinausgingen, den Bräutigam zu empfangen. Fünf von ihnen waren **unbesonnen**, und fünf waren **besonnen**.
Mt 25,7f	Da standen die Jungfrauen alle auf und machten ihre Lampen bereit. Die *törichten* aber sagten zu den *klugen*:	Da standen die Brautjungfern alle auf und machten ihre Lampen bereit. Die **unbesonnenen** aber sagten zu den **besonnenen**:
1Kor 1,25	Denn das **Törichte** Gottes ist weiser als die Menschen, und das Schwache Gottes ist stärker als die Menschen.	
1Kor 1,27	Das **Törichte** dieser Welt hat Gott erwählt, um die Weisen zu beschämen …	
1Kor 3,19	Denn die Weisheit dieser Welt ist **Torheit** vor Gott.	

8.5 Völker statt Heiden

Das Wort *Heiden* ist ein abwertender Begriff, der mit dem Absolutheitsanspruch des Christentums verbunden wird. Erfreulicherweise übersetzt die NZB an etlichen Stellen mit *Völker* statt mit *Heiden*, womit sie auch die Bedeutung des griechischen Wortes τὰ ἔθνη *ta ethnē* präziser wiedergibt.

Wir favorisieren diese Übersetzungsvariante auch für alle anderen Stellen, an denen die NZB weiterhin *Heiden* schreibt. Teilweise sind Umschreibungen nötig (1 Kor 12,2).

Mt 4,15	… du *heidnisches* Galiläa	… du Galiläa **der Völker**
Mt 6,32	Denn um all das kümmern sich die *Heiden*.	Denn um all das kümmern sich die **Völker**.
Mt 10,18	… um Zeugnis abzulegen vor ihnen und den **Völkern**.	
Röm 3,29	Ist denn Gott nur der Gott der Juden? Nicht auch *der Heiden*? Doch, auch der *Heiden*!	Ist denn Gott nur der Gott des jüdischen Volkes? Nicht auch **aller Völker**? Doch, auch der **Völker**!
1 Kor 12,2	Ihr wisst ja, dass es euch, als ihr noch *Heiden* wart, mit unwiderstehlicher Gewalt zu den stummen Göttern zog.	Ihr wisst ja, dass es euch, als ihr noch **wie die Völker** wart, mit unwiderstehlicher Gewalt zu den stummen Göttern zog.

8.6 Lohn statt Sold

Ebenfalls ein veralteter Begriff ist *Sold*. Die heutige Alltagssprache verwendet den Begriff nur noch im Kontext des Militärdienstes. In anderen Zusammenhängen reden wir von *Lohn, Honorar, Vergütung*.

Röm 6,23	Denn der Sünde *Sold* ist Tod, die Gabe Gottes aber ist ewiges Leben …	Denn der **Lohn** der Verirrung ist Tod, die Gabe Gottes aber ist ewiges Leben …

8.7 Beurteilung statt Heimsuchung

Der Begriff *Heimsuchung* bezeichnet ein schweres Unglück oder eine grosse Plage: ein Dorf wird von einer Naturkatastrophe *heimgesucht*, ein Mensch von einer schweren Krankheit. Diese negative Konnotation ist problematisch, wenn das Wort für den Tag Gottes verwendet wird (1Petr 2,12). Das übersetzte griechische Wort ἐπισκοπή *episkopē* beinhaltet keine Wertung, sondern bezeichnet neutral *die Besichtigung* und *das Aufsichtsamt*, aus dem sich das Bischofsamt entwickelt hat (vgl. 1Tim 3,1).

1Petr 2,12	… damit sie, während sie euch als Übeltäter schmähen, durch eure guten Taten zur Erkenntnis kommen und Gott preisen am Tag der *Heimsuchung*.	… damit sie, während sie euch als Übeltäter schmähen, durch eure guten Taten zur Erkenntnis kommen und Gott preisen am Tag der **Beurteilung**.

8.8 Schläge statt Züchtigung

Das Wort *züchtigen* bezeichnet eine bestimmte, zum Glück aus der Mode gekommene «Erziehungsmethode»: Kinder mit dem Stock zu schlagen. In 1Petr 2,20 geht es nicht um Erziehung, sondern um vergeltende Schläge.

1Petr 2,20	Was ist das denn für ein Ruhm, wenn ihr ausharrt und dabei für Verfehlungen *Züchtigungen* hinnehmen müsst?	Was ist das denn für ein Ruhm, wenn ihr ausharrt und dabei für Verfehlungen **Schläge** hinnehmen müsst?

8.9 Grüssen statt den Gruss entbieten

Den Gruss entbieten: Das klingt nach Hofknicks und Verbeugung. Gewöhnlich *grüssen* Menschen einander oder richten aufgetragene *Grüsse* aus. Sollte in 2Joh 1,10f auf den geschwisterlichen Friedensgruss angespielt werden, müsste das deutlicher formuliert werden.

2Joh 1,10f	Wer zu euch kommt und nicht diese Lehre bringt, den nehmt nicht ins Haus auf und *den Gruss entbietet* ihm nicht. Denn wer ihm *den Gruss entbietet*, hat schon teil an seinen bösen Werken.	Die zu euch kommen und nicht diese Lehre bringen, die nehmt nicht ins Haus auf und **begrüsst** sie nicht. Denn wer sie **begrüsst**, hat schon teil an ihren bösen Werken.

8.10 ANBETEN STATT HULDIGEN

Huldigen und *die Knie beugen* sind ebenfalls altmodische Begriffe, die höchstens deshalb noch geläufig sind, weil sie in Weihnachtsliedern vorkommen. Wir wählen modernere Begriffe wie *auf die Knie fallen* oder *anbeten*.

Mt 2,2	Wir haben seinen Stern aufgehen sehen und sind gekommen, *ihm zu huldigen.*	Wir haben seinen Stern aufgehen sehen und sind gekommen, **ihn anzubeten.**
Mt 2,11	… sie fielen vor ihm nieder und *huldigten* ihm, öffneten ihre Schatztruhen und brachten ihm Geschenke dar: Gold, Weihrauch und Myrrhe.	… sie fielen vor ihm nieder und **beteten es an**, öffneten ihre Schatztruhen und brachten ihm Geschenke dar: Gold, Weihrauch und Myrrhe.
Mk 15,19	Und sie schlugen ihn mit einem Rohr aufs Haupt, spuckten ihn an, beugten die Knie und *huldigten* ihm.	Und sie schlugen ihn mit einem Rohr aufs Haupt, spuckten ihn an, **fielen auf die Knie** und **beteten ihn an.**
Hebr 1,6	Und *beugen sollen ihre Knie vor ihm* alle Engel Gottes.	Und **anbeten** sollen **ihn** alle Engel Gottes.
Offb 13,4	… und sie *beugten ihre Knie* vor dem Tier und sagten:	… und sie **fielen** vor dem Tier **auf die Knie** und sagten:

9. Überschriften

Der griechische Text kennt keine Überschriften oder Zwischentitel; diese werden erst in die Übersetzung eingefügt, um den Text zu strukturieren und den Leserinnen und Lesern das Auffinden einer gesuchten Stelle zu erleichtern. Die Überschriften sollten denn auch einzig diesem Zweck dienen, d. h. die Kernaussagen eines Abschnitts möglichst prägnant zusammenfassen. Ob bewusst oder unbewusst, mit der Titelsetzung ist immer auch eine Interpretation, manchmal sogar eine Wertung verbunden. Ein Text wird von seiner Überschrift bereits gedeutet, der Blick der Leserinnen und Leser in eine bestimmte Richtung gelenkt.

Bei den Überschriften tauchen die Fragestellungen aus den vorangehenden Kapiteln erneut auf: Was an der Übersetzung des Bibeltextes aus feministischer Sicht schwierig ist, ist auch bei den Titeln zu kritisieren. Da die Überschriften nicht im griechischen Urtext stehen, sondern von den Übersetzungskommissionen gesetzt wurden, prüfen wir auch ihren Inhalt und ihre Setzung. Wir nehmen sowohl die Überschriften innerhalb der einzelnen Bücher als auch die Übersetzung der griechischen Buchtitel kritisch unter die Lupe.

Bei diesem Kapitel sei besonders betont, dass viele unserer Vorschläge von der Kommission aufgenommen wurden, zum Beispiel die Überschrift vor Hebr 2,5: *Gottes Sohn und Gottes Söhne und Töchter* oder diejenige vor Mk 12,41: *die Gabe der Witwe.*

9.1 BUCHTITEL

Buchüberschriften sind auch im griechischen Text gesetzt. Gegen die Übersetzung der Evangelienüberschriften (Κατὰ Μαθθαῖον *Kata Maththaion*) mit *Das Evangelium nach Matthäus* usf. ist nichts einzuwenden. Hingegen sind die Übersetzungen der Brieftitel aus feministischer Perspektive problematisch, nennen sie doch lediglich die männlichen Adressaten, obwohl die Briefe an Gemeinden gerichtet sind, die sich aus Männern und Frauen zusammensetzen. Anstelle des Titels *Der Brief an die Römer* (Πρὸς Ῥωμαίους *Pros Rōmaious*) schreiben wir deshalb: *Brief an die Gemeinde in Rom.* Diese Lösung eignet sich für alle Gemeindebriefe ausser für den *Brief an die Hebräer*; hier schlagen wir vor: *Brief an die Hebräerinnen und Hebräer.* Diejenigen Briefe, die an Einzelpersonen gerichtet oder nach ihrem Autor benannt sind, bereiten in der Überschrift keine Probleme (z. B. 1Tim, Jak).

Die Apostelgeschichte schliesslich trägt im griechischen Text den Titel Πράξεις Ἀποστόλων *Praxeis Apostolōn*, was wörtlich übersetzt *die Handlungen, Taten der Apostel* bedeutet. Wir könnten uns als Buchtitel *die Ge-*

schichte der Apostelinnen und Apostel oder *das Leben der Apostelinnen und Apostel* vorstellen.

Ü Mt 1,1	**Das Evangelium nach Matthäus**	
Ü Röm 1,1	*Der Brief an die Römer*	**Der Brief an die Gemeinde in Rom**
Ü 1Kor 1,1	*Der Erste Brief an die Korinther*	**Der Erste Brief an die Gemeinde in Korinth**
Ü Hebr 1,1	*Der Brief an die Hebräer*	**Der Brief an die Hebräerinnen und Hebräer**
Ü 1Tim 1,1	**Der Erste Brief an Timotheus**	
Ü Jak 1,1	**Der Brief des Jakobus**	
Ü Apg 1,1	Die Apostelgeschichte	**Die Geschichte der Apostelinnen und Apostel**

9.2 ZWISCHENTITEL

Die Überschriften innerhalb der einzelnen Bücher sind von der Übersetzungskommission gesetzt worden. Hier erlauben wir uns, grundsätzlich andere Akzente zu setzen, indem wir das eine Mal Frauenpräsenz betonen, ein anderes Mal Beziehungen ins Zentrum rücken, in denen sich Leserinnen und Leser selbst wiederfinden können.

9.2.1 Bereits diskutierte Probleme und ihre Lösungen

Bei diesen Überschriften tauchen die bereits thematisierten Probleme auf wie das Problem der exklusiven Sprache, der theologischen Fachbegriffe, der unterdrückten Frauenwelt oder der überbewerteten Männerwelt. An einigen Stellen wählen wir Lösungen, die wörtlich den Vorschlägen für die Übersetzungen entsprechen (Ü Joh 10,19; 20,19), an anderen Stellen nutzen wir die Freiheit, Überschriften neu zu pointieren (Ü 1Kor 3,5). Teilweise kürzen wir die Titel auch, um schwierige Begriffe zu umgehen (Phil 3,1; 2Joh 1,7). Erfreulich ist, dass die Übersetzungskommission einige unserer Vorschläge übernommen hat.

Ü Lk 8,1	**Jüngerinnen**
Ü Lk 18,1	**Die Geschichte von der hartnäckigen Witwe**

Ü Lk 11,27	*Zweierlei Seligpreisungen*	**Seligpreisung der Mutter Jesu**
Ü Joh 10,19	Spaltung *unter den Juden*	Spaltung **im jüdischen Volk**
Ü Joh 20,19	Erscheinung vor den *Jüngern*	Erscheinung vor den **Jüngerinnen und Jüngern**
Ü Röm 7,7	*Sünde* und Gesetz	**Verirrung** und Gesetz
Ü Röm 8,18	Das *Seufzen* der Schöpfung	Die **Geburtswehen** der Schöpfung
Ü 1Kor 3,5	*Die Apostel als Diener des Herrn*	**Der Tempel Gottes**
Ü 1Kor 10,1	Das Beispiel der *Väter*	Das Beispiel der **Vorfahren**
Ü 2Kor 10,1	Eine *Kampfansage*	Eine **Herausforderung**
Ü Gal 5,25	Leben *im Geist*	Leben **in der Geistkraft**
Ü Gal 4,1	**Söhne und Töchter der Freiheit**	
Ü Phil 1,27	*Gemeinsamer Kampf* für das Evangelium	**Gemeinsam** für das Evangelium
Ü Phil 3,1	Freut euch *im Herrn*	Freut euch!
Ü Hebr 1,5	*Der Sohn* und die Engel	**Gottes Sohn** und die Engel
Ü Hebr 2,5	**Gottes Sohn und Gottes Söhne und Töchter**	
Ü 1Petr 2,13	Leben *als Bürger des Staates*	Leben **in der gesellschaftlichen Ordnung**
Ü 2Joh 1,7	Warnung *vor Irrlehrern*	Warnung

9.2.2 Unverständliche oder missverständliche Überschriften

Des Weiteren gibt es Überschriften, die unverständlich (Ü Röm 16,25; Ü 1Kor 6,12; Ü 1Kor 15,20) oder missverständlich (Ü Lk 11,1; Ü 3Joh 1,5) sind. Titel sollten leicht verständlich sein, weil sie Orientierungshilfen bieten. Fremdwörter eignen sich darum genauso wenig wie historisch belastete Begriffe. *Vernünftig* (Ü Röm 12,1) wird oft mit *rational* gleichgesetzt, was nicht im Blickfeld des Textes ist. Unsere Vorschläge sind hier darauf aus, der Lesbarkeit zu dienen.

Ebenfalls sollen Banalisierungen vermieden werden. Die Überschrift zu
1Kor 11,2ff verwechselt den Gottesdienst mit einer Modeschau und nimmt
die Frau nur als Trägerin eines äusseren Attributes wahr. Im Text ist jedoch
von Männern und Frauen die Rede.

Ü Lk 11,1	*Das Grundmuster eines Gebets*	**Jesus lehrt beten**
Ü Röm 12,1	*Vernünftiger* Gottesdienst	Gottesdienst **mit Leib und Seele**
Ü Röm 16,25	*Eine Schlussdoxologie*	**Ehrpreis**
Ü 1Kor 6,12	*Freiheit und Sexualität*	**Der Leib als Tempel der Heiligen Geistkraft**
Ü 1Kor 11,2	*Die Haartracht der Frau* im Gottesdienst	**Mann und Frau** im Gottesdienst
Ü 1Kor 15,20	Christus der *Erstling* der Auferstandenen	Christus der **Erste** der Auferstandenen
Ü 3Joh 1,5	Unterstützung von *Missionaren*	Unterstützung von **Glaubenszeugen**
Ü Röm 8,12	Leben in der *Kindschaft*	Leben in der **Gotteskindschaft**

9.2.3 Entpersonalisierung

Einige Überschriften erwähnen Personen wie z. B. den Apostel Paulus.
Damit wird die Distanz zwischen dem Text und dem heutigen Leser, der
heutigen Leserin betont. Indem wir im Titel auf den theologischen Gehalt des
jeweiligen Abschnitts Bezug nehmen, versuchen wir, diese Distanz zu über-
winden und die LeserInnen anzusprechen.

Ü 1Kor 3,5	*Die Apostel als Diener des Herrn*	**Der Tempel Gottes**
Ü 1Kor 4,1	*Der Apostel vor seinem Herrn*	**Urteilt nicht vor der Zeit**
Ü 1Kor 9,1	*Das Recht des Apostels*	**Das Apostelamt in der Gemeinde**

Ü 1Kor 9,24	*Der Kampf des Apostels mit sich selbst*	**Wettkampf als Beispiel**
Ü 2Kor 1,12	*Die Lauterkeit des Apostels*	**Das Ja in Christus**
Ü 1Joh 2,18	*Das Auftreten von Antichristen*	**Der Lüge standhalten**

9.2.4 Beziehung statt Moral

Wieder andere Überschriften wirken auf die Lesenden moralisierend oder abwertend. Oft wird in den entsprechenden Bibelabschnitten ein – feministischer Theologie besonders wichtiges – Beziehungsgeschehen thematisiert, das auch im Titel Erwähnung finden kann. Statt die Schwachpunkte der Menschen rücken wir die Zuwendung Gottes ins Zentrum der Aufmerksamkeit. Substantive ersetzen wir durch Verben, um das (Beziehungs-)Geschehen stärker zu betonen.

Ü Lk 7,36	*Die Salbung durch eine Sünderin*	**Eine Frau zeigt ihre Liebe**
Ü Lk 8,40	*Die Auferweckung der Tochter des Jairus. Die Frau mit den Blutungen*	**Jesus auferweckt die Tochter des Jairus. Die Frau, die Jesus berührt**
Ü Lk 12,1	*Die Aufforderung zu furchtlosem Bekenntnis*	**Ermutigung zum Bekennen**
Ü Lk 12,22	*Von falscher und echter Sorge*	**Wie Gott sorgt**
Ü Lk 17,1	*Von Verführung und Vergebung*	**Aufforderung zur Vergebung**
Ü 1Kor 3,1	*Die Unmündigkeit der Gemeinde*	**Die Gemeinde gefangen im Irdischen**
Ü Röm 3,9	*Die Schuld aller Menschen*	**Die Gerechtigkeit Gottes**
Ü 1Kor 5,1	*Eine empörende Ehe*	**Was aus der Gemeinschaft ausschliesst**
Ü Jak 5,12	*Grundsätzliche Handlungsanweisungen*	**Ratschläge fürs Gemeindeleben**
Ü 1Petr 3,1	*Anweisungen für Ehepartner*	**Beziehung der Eheleute**

9.2.5 Fehlende Überschriften

Obwohl es Überschriften gibt, die unseres Erachtens überflüssig sind oder stören, fehlen sie an anderen Stellen. Ein markantes Beispiel: Vor Joh 6,66 steht die Überschrift *Bekenntnis des Petrus*. Vor Joh 11,17 steht hingegen keine Überschrift, obwohl in den folgenden Versen ein Dialog zwischen Jesus und Marta folgt, der in einem Bekenntnis von Marta endet (V 27): *Sie sagt zu ihm: Ja, Herr [Höchster], jetzt glaube ich, dass du der Christus bist, der Sohn Gottes, der in die Welt kommt.* Es gibt keinen Grund, das Martabekenntnis weniger zu gewichten als das Petrusbekenntnis. Genau wie jenes verdient es durch eine Überschrift hervorgehoben zu werden. Wir setzen deshalb in Joh 11 neue Zwischentitel:

Ü Joh 11,1	*Auferweckung* des Lazarus	**Tod** des Lazarus
Ü Joh 11,17	–	**Bekenntnis der Marta**
Ü Joh 11,28	–	**Auferweckung des Lazarus**

Schlusspunkt

Wie Marta von Jesus herausgefordert wird, sich zu ihm zu bekennen, so sind wir eingeladen, dieses Bekenntnis weiterzusagen. Eine geschlechtergerechte Übersetzung der biblischen Texte ist für viele Menschen Voraussetzung dafür, Gottes Wort aufzunehmen und in ihrem Leben fruchtbar werden zu lassen.

Da viele unserer Vorschläge noch ungewohnt klingen, wird es Zeit und Geduld brauchen, sie zu erproben und einzuüben. Einige werden auf Anhieb einleuchten, andere werden Diskussionen auslösen und weitergedacht werden. So gilt für unsere Arbeit dasselbe wie für die neue Übersetzung, die wir in ihrem Entstehungsprozess begleitet haben: «Prüft aber alles, das Gute behaltet!» (1Thess 5,21)

Wir freuen uns, wenn dieses Buch einen Beitrag dazu leistet, die neue Zürcher Übersetzung der Bibel einem weiten Kreis von Lesern und Leserinnen ans Herz zu legen.

Bibelstellenregister

Das Register führt sämtliche Bibelstellen auf, die als Beispiele erwähnt werden. Unsere Lesearbeit setzt sich nur mit dem Neuen Testament auseinander (s. o. Einleitung, Arbeitsweise). Einige Schriften aus dem Neuen Testament (Eph, Kol, 1/2Thess, 1/2Tim, Tit, Phlm, Jud) fehlen, da sie unserer Untersuchung erst nach Abschluss der Kommissionsarbeit zur Verfügung standen. Das Ü vor einer Bibelstelle bezieht sich auf die dort vorzufindende Überschrift.

Das Evangelium nach Matthäus

Ü Mt 1,1	142	Mt 13,24	136
Mt 1,23	44	Mt 13,27	59
Mt 1,25	50	Mt 14,33	100
Mt 2,2	140	Mt 14,35	32
Mt 2,11	140	Mt 15,22	59
Mt 3,2	74	Mt 18,7	107
Mt 4,1	128	Mt 18,12	105
Mt 4,3	129	Mt 19,3	129
Mt 4,8	66	Mt 20,22	133
Mt 4,11	86	Mt 20,25	77
Mt 4,15	138	Mt 20,28	86
Mt 5,9	27	Mt 21,31	103
Mt 5,45	27	Mt 21,40	59
Mt 6,10	74	Mt 22,24	136
Mt 6,13	67, 130	Mt 23,12	98
Mt 6,24	89	Mt 23,15	27
Mt 6,32	138	Mt 23,17	137
Mt 7,8	33	Mt 24,4	105
Mt 7,22	41	Mt 24,11	105
Mt 7,26	137	Mt 25,1f	137
Mt 7,29	82	Mt 25,1	44
Mt 8,2	58, 99	Mt 25,7f	137
Mt 8,12	27	Mt 25,44	87
Mt 8,15	86	Ü Mt 26,6	41
Mt 8,19	80	Mt 26,27	134
Mt 9,18	100	Mt 26,41	130
Mt 9,20	46	Mt 27,55	87
Mt 10,18	138	Mt 27,63	106
Mt 12,41	32	Mt 28,18	82

Das Evangelium nach Markus

Das Evangelium nach Lukas

Das Evangelium nach Johannes

Der Erste Brief an die Gemeinde in Korinth

Der Zweite Brief an die Gemeinde in Korinth

Der Brief an die Gemeinde in Galatien

Stichwortregister

Kursiv gesetzt sind die problematischen Stichworte aus der NZB, normal gesetzt die von uns verwendeten Begriffe. Einige Begriffe kommen in beiden Kategorien vor. Die Angaben beziehen sich auf die Abschnitte und ihre Nummerierung.